苏全有　主编

牧野论史——河南师范大学历史文化学院史学文库

李峰　著

《制造汉武帝》的历史公案

河南人民出版社

图书在版编目(CIP)数据

《制造汉武帝》的历史公案 / 李峰著. — 郑州 :
河南人民出版社, 2021. 6
ISBN 978-7-215-12186-7

Ⅰ. ①制… Ⅱ. ①李… Ⅲ. ①汉武帝(前156-前87)-人物研究②《资治通鉴》-研究 Ⅳ. ①K827=341
②K204.3

中国版本图书馆CIP数据核字(2021)第098333号

河南人民出版社 出版发行
(地址:郑州市郑东新区祥盛街27号 邮政编码:450016 电话:65788065)
新华书店经销 河南文华印务有限公司印刷
开本 710毫米×1000毫米 1/16 印张 12.75
字数 165千字
2021年6月第1版 2021年6月第1次印刷

定价: 46.00元

目录

引言：轰动史坛的“辛德勇现象”

长期以来，论及汉武帝晚年政治，学界普遍认为武帝即位之后，慨然兴大有为之志，面对当时的统治现状，主动出击，强势应对，内兴功利，外事四夷。经过数十年的努力，虽然取得重大成就，但也因此导致国敝民贫，社会动荡，朝政纷纭，重大的统治危机在其晚年接踵而至。为此他对过往的政治进行了深刻反思，并采取一系列措施，对此前所推行的扰民、劳民之政进行持续调整，将朝政的重心由此前的开边兴利转向发展民生。武帝去世后，他的新政为昭、宣二帝所继承，汉朝的统治于是重新恢复稳定。

2014 年 11 月 15 日，辛德勇在《清华大学学报（哲学社会科学版）》发表《汉武帝晚年政治取向与司马光的重构》一文，认为学界流行的看法是经日本学者市村瓒次郎、中国学者唐长孺等的揭示，尤其是至 20 世纪 80 年代中期，经田余庆的《论轮台诏》一文更为系统的论述，从而引起中国学术界的广泛关注和高度赞誉，并产生相当普遍的社会影响。但是，“上述论断不能成立”。因为见于《汉书·西域传》记载的《轮台诏》，只是调整对外作战策略的权宜之计。市村瓒次郎、唐长孺和田余庆诸人主要依据《资治通鉴》的相关史料立论，然而这些史料出自王俭撰写的完全不可信据的小说《汉武故事》，司马光为构建符合其政治需要的汉武帝形象，将《汉武故事》中的相关史料采录入《通鉴》，然而王俭在《汉武故事》中所塑造的汉武帝形象属杜撰，并且《汉武故事》中的汉武帝形象在西汉的历史上有原型可寻。2015 年 10 月，该文以《制造汉武帝》为名，由三联书店以书籍形式出版，共 86 千字。2018 年 8 月，三联书店出版该书的增订本，共 130 千字。

一、学界对辛德勇宏论的反响

辛德勇的宏论刊发、出版后，引起学界与社会相当大的关注。学者们纷纷撰文，对其宏论或持肯定态度，或予以质疑，又有做折中调和之论者。辛德勇的宏论一经刊布，赞扬之声便纷至沓来。

2015 年 2 月 20 日，《新华文摘》转载该文。

2015 年 4 月 14 日，该文荣获《清华大学学报（哲学社会科学版）》编辑部主办的第三届“百盛——清华学报优秀论文奖”。

2015 年 7 月 15 日，张耀铭在《云梦学刊》发表《学术期刊要超越平庸》一文，称该文“挑战的是日本学者市村瓒次郎（20 世纪 30 年代）、中国学者唐长孺、田余庆（20 世纪 80 年代）持有的权威观点”，“文章洋洋洒洒 8 万余字，300 余条注释，旁征博引，锐见叠出，展示了作者文献学的深厚功底和不凡见识”。

2015 年 9 月 12 日—14 日，在河南大学举办的“新时期史学理论研究的回顾与展望学术研讨会”上，王和认为从事史学理论研究要结合具体的历史问题来展开，“过去是两张皮，理论是理论，实践是实践，理论和实践是脱节的，现在两者结合得比较好。辛德勇写的那篇文章，我估计大家都看了，因为在发表之前，主编请我来看一下，哪些分析符合《资治通鉴》的需要，这个的确是可以通过分析批判的历史哲学来加以解释的”①。所谓“那篇文章”，指的就是该文。

2015年10月20日和12月20日，《中国史研究动态》先后刊发张燕蕊的《2014年秦汉史研究综述》、史索的《2014年度中国古代史学科发展综述》两篇文章。前者将该文作为2014年度的重要成果之一，置于开篇进行介绍。后者论及近年来中国古代史研究领域理论动态和若干值得注意的趋势时，指出：“史料批判、历史书写研究在青年学者中日益流行。基于史料批判的视角，探讨历史书写背后的政治文化与权力运作，逐渐形成了一些新的研究范式。这种研究把以往多视为客观记录的历史文献看成是史家有意识的书写，注重探求历史文献的构造、性格和执笔意图。”汉魏晋南北朝“史料批判”在2014年度属“若干学术新热点、新进展”之一，代表性论文有两篇，其一即辛德勇的论文。

2016年3月5日，刘大木在《新京报》发表《汉武帝形象的三个制造者》一文，称《制造汉武帝》一书亮点有三：其一，指出司马光编著《资治通鉴》时在史料运用上“带有很强的主观性”；其二，给《汉武春秋》的作者“提供了合理的推论”；其三，对《春秋》三传开头部分文字的“比较细读”，展示了辛德勇“在经学方面的修养”。并通过对《汉书·西域传》里相关记载的解读、《盐铁论》反映情况的剖析、戾太子是否用巫蛊之术诅咒汉武帝的推断、玉门花海汉简上的汉皇诏书作者的考证，从四个方面对田余庆的《论轮台诏》所持的汉武帝晚年“改变国策”之说予以论析，从而使“支撑田先生结论的几根柱子便全部被拔掉，他所建构的论断也如同空中楼阁一般，轰然倒塌”。

① 李恒：《“新时期史学理论研究的回顾与展望学术研讨会”综述》，《史学月刊》2016年第1期。

2016 年 4 月 13 日、5 月 5 日，《中华读书报》《文史哲》杂志先后发布他们联合评选的“2015 年度中国人文学术十大热点”，其中排名第四的热点为“历史是如何被书写的：史料批判冲击传统史学研究”。代表作有二，其一就是《制造汉武帝》。

2016 年 8 月 20 日，孙正军在《中国史研究动态》发表《通往史料批判研究之途》一文，称“尽管对汉武帝晚年是否曾调整政策，我们还可有其他理解，但‘辛书’所展示的通过考察关键史料的文本来源，挑战前贤建构的经典历史理解图式，在研究方法上无疑具有借鉴意义”。

2016 年 9 月 26 日，黄怡君在《澎湃新闻》发表《是谁“制造”了汉武帝》一文，称：“如果以《汉书》、《盐铁论》的记载来看，汉武帝晚年确实没有完成重大的政治转折。《通鉴》采择《汉书》之外的史料（姑且不论是否真出自《汉武故事》）来描述汉武帝晚年这段历史，依现代史学的标准来看，或许不是稳当的做法。学者根据这段不够可靠的史料提出‘汉武帝与卫太子有政见之争’，这个论点很难成立，因为《汉书》中确实缺乏这种迹象。”[①]

2019 年 1 月 30 日，鲁西奇在《中国社会科学评价》发表《中国历史研究的主体性、核心问题与基本路径》一文，认为“近年来，对传统史学的主体性及其认知局限，中国历史学界有非常深入的思考与探索”，“最具代表性的成果”有两部，其中之一即《制造汉武帝》。

2019 年 10 月 21 日，徐琳玲、都芃在《南方人物周刊》发表《辛德勇：反颠覆的颠覆者》一文，指出《制造汉武帝》一书出版后，在史学界引发了一场广受关注的学术论争，波及海外学术界。该文认为“它所引发

① 黄怡君：《是谁“制造”了汉武帝》，澎湃新闻，2016 年 9 月 23 日，https：//www.thepaper.cn/newsDetail_ forward_ 1532766

的讨论显然超越了具体的学术话题，涉及我们到底如何看待历史，以及历史究竟是一门怎么样的学科”。又称“‘制造汉武帝’的相关论文和书籍一经出版，立刻在学术界引起激烈争论。也因着田先生弟子们的参战，甚至旗帜鲜明地‘站队’，相关讨论已有越出学术讨论、捍卫师门的色彩”。

2020 年 1 月 18 日，郭硕在《云南大学学报》发表《制造曹操：兼论历史人物研究范式的问题与取向》一文，认为“《制造汉武帝》用严格的史源学方法和层层递进的史事考证，论证司马光对汉武帝晚年政治形象的塑造逻辑，并对今人研究的逻辑进行系统反思，可谓用看似传统的方法开辟了历史人物研究的新境界”。

在好评纷沓而至的同时，学界对其宏论的质疑之声也一直没有间断。

2014 年 12 月 31 日，王子今在《中华读书报》发表《“守住科学良心”——追念田余庆先生》一文，对辛德勇的论说持保留态度：“近来，有学者对田先生《论轮台诏》文中所引据《资治通鉴》记录的可信度提出质疑……相关学术讨论的积极意义应当肯定，但就此进行进一步的深层次的探究也许还有必要。”辛德勇认为《资治通鉴》中不见于《史记》《汉书》等汉代基本史籍的关于汉武帝晚年史事的记载，出自《汉武故事》，王子今对此持保留态度，认为“似乎我们也不能排除《资治通鉴》和《汉武故事》分别采用了共同的可以看作‘原型’的早期史料的可能”。

2015 年 1 月 5 日，李开元在《21 世纪经济报道》发表《怀念恩师田余庆先生》一文，认为《汉武故事》中可靠的记录与杜撰的故事并存，“《通鉴》编写巫蛊之乱的历史，选取了《汉武故事》中严肃而关系政局的言谈故事以连接和丰富历史，正是《通鉴》的主编司马光和该部分的撰写者刘攽的高明得体之处”。田余庆分析这段历史，“力图在经过《通鉴》整理的史事后面清理出历史运转的脉络，二者是红花绿叶，相得益彰”。

2015 年 9 月 1 日，韩树峰在《社会科学战线》发表《论巫蛊之狱的性质——以卫太子行巫蛊及汉武帝更换继嗣为中心》一文，认为“通观《重构》全文，推论多于实证，尤其在关键环节，常以推测代替考证，与史料证伪的基本原则多相违背，所以，其所述所论，不足以推翻《通鉴》相关记载的真实性”。因此坚持在论述中仍将《通鉴》相关记载作为基本史料对待。

2015 年 12 月 26 日，李浩在《中南大学学报（社会科学版）》发表《“司马光重构汉武帝晚年政治取向”说献疑》一文，从史料层面对辛德勇的文章进行辨析，认为辛德勇的“文中存在不少史料误读现象，其结论不能成立”。

2016 年 2 月 9 日，韩树峰在《南方周末》发表《远去的背影——田余庆先生逝世周年祭》一文，认为“对学术观点提出不同甚至相反的看法，当然有意义，不过，在我看来，这可能不是最重要的。一部学术作品的生命力不在于观点是否正确，而在于是否具有启发性，毕竟学术观点主要是供人思考的，而不是供人记忆的。除此而外，是否具有方法论上的意义，也同样影响着学术作品的生命力”。就田余庆而言，他的《论轮台诏》以及其他作品，无论是学术观点，还是方法论，“同样为后来的学术研究提供了很好的范例”。

2016 年 3 月 13 日，胡文辉在《东方早报》发表《制造司马光》一文，认为检读《制造汉武帝》一书，“并不觉得司马光‘制造’了汉武帝的政治形象，倒觉得是辛先生‘制造’了司马光的学术形象”。辛德勇关于汉武帝的《轮台诏》只代表军事策略的局部调整的看法，“只是一个明显缺乏史料支撑的假设”。

2016 年 3 月 15 日，成祖明在《清华大学学报（哲学社会科学版）》发表《内部秩序与外部战略：论〈轮台诏〉与汉帝国政策的转向》一文，认为巫蛊之祸对武帝内政造成重大打击，而对外战略经大宛之役已基本完成，且也无力再进一步拓展。于是武帝在崛起于其统治晚年的内侍集团中的霍光集团的协助下，对帝国发展策略进行调整，“以《轮台诏》颁布为标志，汉帝国对内对外政策出现重大转向”。进而指出“《论轮台诏》一文的基本结论难以动摇”。

2016 年 12 月 1 日，笔者在《枣庄学院学报》发表《〈汉武故事〉作者及史料价值探析》一文，认为《通鉴》所录的与巫蛊之祸有关的史料，多不见于《汉武故事》，“并且姑且假定果如辛文所言，相关史料出自《汉武故事》，也不能肯定就是王俭所作”。《汉武故事》一书中的“许多叙述定当渊源有自，故不可武断地斥其绝非信史”。

2016 年 12 月，沈明得在《止善》发表《汉武帝与卫太子的父子关系——太子教育与政治危机》一文，认为“《资治通鉴》记武帝与卫太子关系的这段史料，即便取材自野史的可能性颇高，史鉴色彩浓厚亦自不待言外，不过揆诸其内容与考核时间，大致上还是符合史实”。

2018 年 3 月 1 日，笔者在《贵州社会科学》发表《汉武帝晚年政治转向及对昭宣之政的影响探析》一文，认为“为维护汉朝的统治，武帝晚年推行了一系列重要措施，将朝政的重心由此前的开边兴利向发展民生转移”。此举对昭宣之政影响深远。

2020 年 3 月 15 日，笔者在《清华大学学报（哲学社会科学版）》发表《巫蛊之祸视阈下汉武帝与戾太子父子纠葛探析》一文，认为戾太子并无行巫蛊诅咒武帝速死之事，“面对武帝咄咄逼人的攻势，戾太子一直采取守势，隐忍以对，直到江充在太子宫掘蛊得桐木人，为求自保，方奋起抗争”。

一些学者还尝试对辛德勇的宏论作折中调和之论。

2016 年 3 月 15 日，杨勇在《清华大学学报（哲学社会科学版）》发表《再论汉武帝晚年政治取向——一种政治史与思想史的联合考察》一文，从汉武帝朝外事四夷、内兴功利及酷吏政治等三个方面所构成的武帝政治机体的演进，对《轮台诏》进行审视，并通过对“守文”之义的解读以证武帝晚年政治没有发生转向，认为“根据这个整体看《轮台诏》，以至整个武帝晚年的政治态势，都不能得出武帝对其政治方略有根本转折的打算，更没有转向‘守文’即转向儒家政治的意向”。在武帝政治转折中具有标志性意义的是盐铁会议，但同时作者认为“《轮台诏》有重民生的调整倾向，在一定程度上开启了政策转折”，可谓与辛德勇的观点同中有异。

2016 年 12 月，向尚在《华大史学研究》发表《〈论轮台诏〉、〈制造汉武帝〉读后》一文，指出辛德勇对《通鉴》中汉武帝与卫太子的相关史料的来源问题的辨析“乃是这篇文章十分精彩的部分，是特别坚实的地方”。对《通鉴》史料是否可靠的分析，“乃辛书最不可磨灭之部分”。对王俭制造《汉武故事》的原因的探讨“很精彩”。但是辛德勇对《汉书》中何以有“悔远征伐”等语的解释“有大破绽”，对《汉武故事》的史料可靠性问题的剖析“破绽”颇多。

2017 年 12 月，游逸飞在《学灯》发表《制造辛德勇——从〈制造汉武帝〉反思历史事实、历史书写与历史学家之间的关系》一文，指出辛德勇从事该研究的目的就是要通过实证，“在北大中古史学术圈推广黄永年的观点”。认为辛德勇“尝试对此时期的历史事实与历史书写提出全面且周延的看法，自成一家之言，其精神值得效法，其成果值得品味”。然而“辛德勇从实证的角度出发，致力于政治重大转向之辩，固然在一定程度上纠正了田说，但未能在理论框架上提供另一套新的理解方式，遂导致田余庆的政治史观并未真正被驳倒”。

2018 年 5 月，林聪舜在《台大文史哲学报》发表《盐铁会议的政治义涵新探——霍光的意图与桑弘羊在处境认知上的盲点》一文，认为《轮台诏》是武帝统治路线暂时性的改变，他并未放弃自我期许的历史任务。但同时也认为“《通鉴》所载，武帝传达的‘欲求守文之主，安有贤于太子者乎’的期许，不见于《汉书》，或另有所本，但仍符合《汉书》所载，武帝认为钩弋子‘类我’所隐含的刘据‘不类我’的评价”。辛德勇怀疑《资治通鉴》征和四年三月记载史事的可靠性，林聪舜认为这是一个“颇具竞争力的论点”，但同时又指出：“但若将武帝求仙心理的发展与转变，视为复杂的认知与心理调整历程，武帝的一些矛盾举措，就可得到理解。”

2020 年 4 月，廖一帆在《各界》发表《历史学的百家争鸣——汉武帝晚年政治路线争论回顾》一文，指出汉武帝晚年存在的政治路线转变问题是史学界的热门论题，以田余庆发表的《论轮台诏》一文为开端，至辛德勇发表的《汉武帝晚年政治取向与司马光的重构》一文对田余庆的观点提出质疑为高潮。辛德勇的观点随后引起了争论，反对、支持者皆有。认为“这一争论我们或许很难下定论”，但是在论战中，“汉武帝晚年政治转向这一课题已经升华至新的高度，这正是历史学的魅力所在，也是学术讨的价值所在”①。

二、辛德勇的回应

辛德勇的宏论不仅引起了学界的关注，社会反响也甚热烈，如《制造汉武帝》一书出版后，在社会上甚为流行。2017 年 5 月 20 日，辛德勇在南京工业大学作讲座时称，该书出版以后，“受到的关注，远远在我意料

① 按：“也是学术讨的价值所在”当为“也是学术讨论的价值所在”。

之外。初印 7000 册，半年多就脱销了。三联书店第 2 次加印 4000 册，到现在仅仅一年时间，也即将售罄”[①]。该书的增订本，初印 10000 册。北京大学中国古代史研究中心《本中心学人动态》栏目透露，增订本 2019 年 1 月第 2 次加印 8000 册。而从网络平台大量的评论看，读者对其论著的看法也是毁誉参半。

针对学界和社会的反响，辛德勇先后多次进行回应。2015 年 5 月辛德勇在接受新闻媒体采访时，较为详细地解释了自己所撰文章的旨趣。[②]

2015 年 9 月底，在其书《制造汉武帝》即将出版之际，辛德勇再次接受新闻媒体采访，否认了人们贴在其文章上的所有标签，指出自己之所以与市村瓒次郎和田余庆论难，意在求真求实。[③]

2016 年 5 月 27 日，辛德勇在《华中师范大学学报（人文社会科学版)》发表《汉武帝太子据施行巫蛊事述说》一文，补充论证了其《制造汉武帝》一书所持的戾太子确实有行巫蛊之术诅咒武帝速死之事的观点。

2016 年 6 月 17 日，辛德勇在北京三联韬奋书店作题为《告诉你一个真实的皇太子刘据——汉武帝晚年查治巫蛊与卫太子施行巫蛊之术》的学术讲座，重申自己的主张，强调戾太子在巫蛊之祸中确实实行了巫蛊之术。说他受人冤枉，“从来没有”[④]。

2016 年 6 月 19 日，辛德勇在北京三联韬奋书店作题为《制造汉武

---

① 辛德勇：《〈制造汉武帝〉的后话》，《制造汉武帝》（增订本），生活·读书·新知三联书店 2018 年版，第 169 页。

② 于淑娟：《辛德勇：从尚功到守文，司马光如何构建汉武帝》，澎湃新闻，2015 年 5 月 8 日，https：//www. thepaper. cn/newsDetail_ forward_ 1325381

③ 辛德勇：《为什么要写〈制造汉武帝〉》，澎湃新闻，2015 年 9 月 24 日，https：//www. thepaper. cn/newsDetail_ forward_ 1366061

④ 辛德勇：《告诉你一个真实的皇太子刘据——汉武帝晚年查治巫蛊与卫太子施行巫蛊之术》，微信公众号：三联书店三联书情，2016 年 7 月 7 日，https：//mp. weixin. qq. com/s/ - 4L3Tpkm - DugreFJLHlBlQ

帝——司马光〈资治通鉴〉构建的汉武帝晚年政治形象》的学术讲座，系统讲述了其书的观点。①

2017年1月6日，辛德勇接受《中华儿女》杂志采访，论及学界和社会对《制造汉武帝》一书的反响说：“我想，细微之处或有疏漏，这个我会在该书再版的时候进行修订。但我对书中的结论不做任何修改。”②

2017年5月20日，辛德勇在南京工业大学浦江报告厅作题为《青年学生要树立正确的历史观》的学术讲座，对《制造汉武帝》出版以来各方的质疑进行了全面回应，坚持认为虽然自己的论证存在着“小的疏失”，“但到目前为止，我还没有发现需要更改乃至放弃自己基本观点的理由”③。

2018年5月11日，辛德勇为《制造汉武帝》（增订本）作《后记》称：“总的来说，我认为自己的论证，没有严重问题，即使是极个别需要适当修正的疏误，也并不影响我的基本论证和各项结论。”④

2018年11月21日，辛德勇在陕西师范大学作题为《谈谈所谓“卫氏集团”和“李氏集团”》的学术讲座，补充完善自己的观点。⑤

2019年11月23日，辛德勇在北京大学中国古文献研究中心举办的“2019年中国古典文献学新生代研讨会”上的发言，又一次陈述自己的主张。⑥

总之，虽然辛德勇对学界的反响屡有回应，但如前所述，赞扬与质疑

① 辛德勇：《制造汉武帝——司马光〈资治通鉴〉构建的汉武帝晚年政治形象》，微信公众号：三联书店三联书情，2016年7月7日，https://mp.weixin.qq.com/s/xFuYDNTw3EVjIaNh3VX39w

② 李肖含：《辛德勇：甘当匠人的学人》，《中华儿女》2017年第3期。

③ 辛德勇：《制造汉武帝》（增订本），生活·读书·新知三联书店2018年版，第169—187页。

④ 辛德勇：《制造汉武帝》（增订本），生活·读书·新知三联书店2018年版，第198页。

⑤ 辛德勇：《谈谈所谓“卫氏集团”和“李氏集团”》，微信公众号：辛德勇自述，2018年11月23日，https://mp.weixin.qq.com/s/GL5WBWVeIwY3NWdAYWzMqQ

⑥ 辛德勇：《我怎样看待版本目录学研究》，澎湃新闻，2019年11月23日，https://www.thepaper.cn/newsDetail_forward_5041551

之声皆并未因此而止歇，而辛德勇也始终没有改变其所持的主张。

三、“辛德勇现象”产生的原因

辛德勇在其宏论中所作的事实性结论却得到截然相反的评论，本属学术论著而引起社会轰动，这在以往学界是不多见的，故可将由辛德勇的宏论引发的轰动称为“辛德勇现象”。

考“辛德勇现象”产生的原因，大致有六：

其一，秦汉时期是中国皇朝时代的开端，而武宣之治又在秦汉史中起着承上启下的作用，因此自古以来便深受学者的重视。

其二，辛德勇不仅挑战当代著名学者田余庆的观点，而且质疑《资治通鉴》的可信性，试图颠覆长期以来人们对该著形成的传统观念，且书名很新颖，颇能吸引读者的眼球。

其三，辛德勇的论述纵横千古、泛滥四部、包纳宇外，这在学者普遍笃守专门之学的当代，颇能炫惑视听。

其四，学者对辛德勇的论述或赞或否，多从一端发论，虽然难以得到普遍认同，却营造出了一个众声喧哗的热闹场景。

其五，辛德勇的宏论所建构的论域本就颇为广阔，而诸多学者的参与又进一步拓宽了他所营造的论域，并且对问题的阐释也呈持续深入的态势，这就导致由辛德勇宏论引发的论争短期内很难结束。

其六，此次讨论发生在网络资源极其丰富的互联网时代，生活在这样一个时代，一般人利用百度、谷歌等搜索引擎，即可以查阅到各种信息，学者更是有各种专业数据库可以使用，对文献资料的查阅更为方便。因此参与讨论者不仅有学者还有众多的史学爱好者。这几乎使每一个对此论争感兴趣者，都可以根据自己所掌握的资料，做出独立的判断。

综此诸点，遂使由辛德勇宏论所引发的讨论声势浩大而持久，从而成为一个轰动史坛的学界奇观。

第一章 《制造汉武帝》的历史阐释

就辛德勇的《制造汉武帝》一书而言[①]，称其观点新颖，史料丰富，气象恢弘，应该是不为过的。然而细绎其论述，其提出的问题虽甚新奇，但由于每每误读文献，则很可能是伪问题；其对学术史的梳理看似条理清晰，实则可商榷之处甚多；其对史事的考辨不乏错讹、混乱与疏失，以致其结论多无法成立。而考其致误之由，从根本上讲，乃在于要证成其师黄永年的观点。

一、发现问题：读书得间乎

众所周知，史学研究是从问题的提出开始的："有一定的历史问题，才可能开始找寻遗迹、纪念物及文献资料；也就是说：找答案。"[②] 但并非是有了问题，就可以从事相关研究了。如果所提出的问题没有什么价值，

---

① 辛德勇的《汉武帝晚年政治取向与司马光的重构》一文发表后，很快便稍作修改，并附《田余庆先生印象》（代后记）一篇，取名《制造汉武帝》，以书籍形式出版。后又出版该书的增订本，增订本对主体部分又略有修改，并附加了两篇文章，即《汉武帝太子据行巫蛊事述说》和《〈制造汉武帝〉的后话》，另又附载了一篇《增订本后记》，可以说较为全面地反映了辛德勇对汉武帝晚年政治取向与司马光的重构问题的看法。故为了方便读者阅读，拙著在撰述过程中，主要围绕其增订本立论，特殊情况下，方采用其论文及该书初版文字。

② ［德］德罗伊森著，胡昌智译：《历史知识理论》，北京大学出版社2006年版，第25页。

即使论证得再圆满，意义终究有限。自然，若属伪问题，更没有研究的必要。故吕思勉指出“考据成绩的好坏，并不在于考据的本身”[①]，而是在于所研究的问题是否有价值。但发现好的问题并非易事，所以学界一旦有名作问世，人们往往会对该学者发现问题的缘由充满浓厚的兴趣。

因此，当《制造汉武帝》即将出版之际，《澎湃新闻》的记者，就希望辛德勇“能就此书撰述的缘起和自己对一些相关问题的想法，做一些说明”。辛德勇为此特地撰写了一篇名为《为什么要写〈制造汉武帝〉》的文章予以回应。文中论及撰述《制造汉武帝》的缘起，辛德勇认为他的问题的提出与“读书得间”有关。如其称史念海极力倡导的野外考察与历史文献记载相结合的研究方法对学界影响极大，但其从史念海那里领悟到的比该方法更重要的研究方法，“是先生反复和我讲到的‘读书得间’这四个字”[②]，并引用傅斯年的史料学观点来解释何为“读书得间”。傅斯年在20世纪30年代初认为史学研究的对象是史料，因此“史学便是史料学”。其工作就是整理史料，其方法是比较法：“假如有人问我们整理史料的方法，我们要回答说：第一是比较不同的史料，第二是比较不同的史料，第三还是比较不同的史料。”[③] 辛德勇将这些文字予以摘引，并称：“不言而喻，所谓‘读书得间’，就是傅斯年先生所说分析比较记载各异的史料。”而其书的撰写就是通过史料比勘来实现的，“我只是从一个很土鳖的问题出发，用很土鳖的方法，做了一个简单得不能再简单的史料比勘而已”[④]。

所谓“得间”，据《孟子·告子下》载，战国时期代理任国国政的季

---

① 吕思勉：《自述学习历史之经过》，见《蒿庐问学记》，生活·读书·新知三联书店1996年版，第232页。

② 辛德勇：《为什么要写〈制造汉武帝〉》，澎湃新闻，2015年9月24日，https://www.thepaper.cn/newsDetail_forward_1366061

③ 傅斯年：《史料论略》，见《史学方法导论》，上海古籍出版社2012年版，第74—75页。

④ 辛德勇：《为什么要写〈制造汉武帝〉》，澎湃新闻，2015年9月24日，https://www.thepaper.cn/newsDetail_forward_1366061

任与齐国国相储子，为结交孟子，皆曾派人向孟子送礼，而孟子起初皆不回谢。后孟子得到了与他们相见的机会，却只是拜访了季任而未拜访储子，对此孟子弟子屋庐子高兴地说："连得间矣。"连，屋庐子名。间，《说文》云："隙也。"段玉裁注："隙者，壁际也。引申之，凡有两边有中者皆谓之隙。隙谓之间，间者，门开则中为际，凡罅缝皆曰间，其为有两有中一也。"① 孟子相继接受了季任与储子的礼物，当获得相见的机会时，本应皆回访，然而此后孟子对二人的态度却是一见一不见，此为"有两"，同类的事情被区别对待，其中一定是有问题或者原因的，该原因即为"有中"，屋庐子敏锐地注意到了这一问题，认为自己将因此而增益学识，因此高兴地说自己"得间"。所以朱熹注云："屋庐子知孟子之处此必有义理，故喜得其间隙而问之。"② 朱熹又以此喻治学："读书须是看着他那缝罅处，方寻得道理透彻。若不见得缝罅，无由入得。看见缝罅时，脉络自开。"③ 所谓"缝罅"，即"间"，就是指文字当中存在的问题。

屋庐子通过将两件事进行比勘发现问题，似乎合于辛德勇对"读书得间"所下的定义，但事实上，文字当中的"间"的发现并非只此一途。如戴震"十岁乃能言，就傅，读书过辄成诵，日数千言不肯休。授《大学章句》至大注右《经》一章以下，问其塾师曰：'此何以知为孔子之言而曾子述之？'又何以知为曾子之意而门人记之？'师应之曰：'此先儒朱子所注云尔。'又问：'朱子何时人？'曰：'南宋。'又问：'孔子、曾子何时人？'曰：'东周。'又问：'周去宋几何时？'曰：'几二千年。'又问：

---

① 许慎撰，段玉裁注：《说文解字注》一二篇上《门部》，上海古籍出版社 1981 年版，第 589 页。

② 朱熹：《孟子集注》卷一二《告子下》，见《四书章句集注》，中华书局 1983 年版，第 341 页。

③ 郑明等校点：《朱子语类（一）》卷一〇，见朱杰人、严佐之、刘永翔主编：《朱子全书》(14)，上海古籍出版社、安徽教育出版社 2010 年版，第 315 页。

‘然则朱子何以知其然?’师无以应，大奇之”[①]。从这段史料看，戴震所发现的问题显然是通过逻辑推理求得的。

辛德勇虽谈锋甚健，但他以傅斯年的论述来支撑自己的观点应该说也是值得商榷的。因为作为民国时期新考据学派的领军人物的傅斯年曾声称：“我们不是读书的人，我们只是上穷碧落下黄泉，动手动脚找东西!”在他看来，利用传世文献治学，是“间接的研究前人所研究或前人所创造之系统”，属于“书院学究的研究”而非“科学的研究”，是“退步”的。傅斯年认为旧问题的解决、新问题的提出都要依赖于新材料的发现：“科学研究中的题目是事实之汇集，因事实之研究而更产生别个题目。”新的事实能够“破坏了遗传的问题，解决了事实逼出来的问题，这学问自然进步”[②]。亦即在傅斯年看来，在科学的研究中，问题应该是通过新材料而不是读书获得的。

严格地说，辛德勇似乎应该以顾颉刚为例来阐述其观点，因为据辛德勇讲他的两位老师史念海、黄永年都强调“读书得间”，而此法来自顾颉刚。如辛德勇论及史念海指导学生发现问题及确定选题时称：“先生谈到的办法很简单，只有四个字，这就是‘读书得间’，也就是在读书过程中发现问题，再通过进一步读书解决问题。先生告诉我们说，让我们每周写读书札记，就是锻炼我们发现问题和解决问题的能力，这是从顾颉刚先生那里传承下来的治学方法。”[③] 辛德勇论及黄永年，指出：“过去老一辈人读书，往往更重视‘读书得间’，主张从阅读中发现问题，提出问题，再

① 王昶：《戴东原先生墓志铭》，见戴震著，赵玉新点校：《戴震文集》，中华书局1980年版，第261页。

② “中央研究院”历史语言研究所筹备处：《历史语言研究所工作之旨趣》，见《史语所集刊》第1本第1分（1928年）；傅斯年：《历史语言研究所工作之旨趣》，见欧阳哲生主编：《傅斯年全集》（第三卷），湖南教育出版社2003年版，第3—12页。

③ 辛德勇：《初入师门》，见张世林主编：《想念史念海》，新世界出版社2012年版，第123页。

通过查阅史籍来解决问题。黄永年先生治学，始终强调以文献考据为基本研究手段，用他自己常讲的话来说，这是承自顾门的‘真刀真枪’功夫。”[①] 只不过这也是值得商榷的。

顾颉刚曾自述研读文献时：“能在别人不注意的地方注意，在别人不能审量的地方审量。”[②] 此正是运用“读书得间”之法治学的表现，但顾颉刚又说：“好像一个旅行的人，刚到一处地方，满目是新境界，就容易随处激起兴味，生出问题来。”[③] 按照这种说法，对于学者而言，问题可谓俯拾即是了。而如果细考的话，此说实发自胡适。如胡适称：“杜威论思想，分作五步说：（1）疑难的境地；（2）指定疑难之点究竟在什么地方；（3）假定种种解决疑难的方法；（4）把每种假定所涵的结果，一一想出来，看那一个假定能够解决这个困难；（5）证实这种解决使人信用；或证明这种解决的谬误，使人不信用。”在这五步之中，胡适认为“最重要的就是第三步。第一步和第二步的工夫只是要引起这第三步的种种假设”。第一步被称为“思想的起点”，即“疑难是思想的第一步”。疑难的产生与环境变迁有关，人生的环境“常有更换，常有不测的变迁。到了新奇的局面，遇着不曾经惯的物事，从前那种习惯的生活方法都不中用了。譬如看中国白话小说的人，看到正高兴的时候，忽然碰着一段极难懂的话，自然发生一种疑难”[④]。显然在胡适看来，只要有疑问就可作为问题来探讨，亦即问题的发现很容易，学术研究中最重要的是考证。故其论及自己所秉持的实验主义方法，便略去了发现问题这一环节，如其称该方法是“细心

---

① 辛德勇：《黄永年先生与古文献研究》，见《困学书城》，生活·读书·新知三联书店 2009 年版，第 6 页。

② 顾颉刚：《自序》，见顾颉刚编著：《古史辨》（第一册），上海古籍出版社 1982 年版，第 80 页。

③ 顾颉刚：《自序》，见顾颉刚编著：《古史辨》（第一册），上海古籍出版社 1982 年版，第 80—81 页。

④ 胡适：《杜威论思想》，《新中国》1919 年 6 月 15 日第 1 卷第 2 号。

搜求事实，大胆提出假设，再细心求实证"[①]。在其形成的完整论述中也没有提出问题这一环节："科学精神在于寻求事实，寻求真理。科学态度在于撇开成见，搁起感情，只认得事实，只跟着证据走。科学方法只是'大胆的假设，小心的求证'十个字。没有证据，只可悬而不断；证据不够，只可假设，不可武断，必须等到证实以后，方才奉为定论。"[②]

事实上，若依胡适、顾颉刚之说来发现问题，所提出的问题首先可能是伪问题，因为他们所谓的疑难很可能并非出自所阅读的著作本身，而是读者自身学养有限所致。当此之时，读者应该做的是想法读懂这段话，而非拿来作问题研究，因为这些问题可能并没有学术研究价值。其次，所提出的问题的研究价值可能有限。

而观史念海、黄永年的学术创获，很难想象他们的"读书得间"之法仅是得自顾颉刚一人。如果溯源的话，史念海的学养的生成可能首先要上溯到陈垣，而黄永年得益于吕思勉、童书业、陈寅恪等的教诲与启发亦自不少。如论及顾颉刚，史念海认为自己之所以走上了研究历史地理学的道路，是"由于顾颉刚先生的汲引和熏陶"[③]。论及陈垣，史念海称："虽然我后来走上了历史地理治学之路，但是，陈先生对我的影响是不可低估的。"[④] 黄永年论及自己的师承及学术渊源，认为研治文史，除受到顾颉刚的影响外，还受到了吕思勉、童书业等老师，以及素未谋面的陈寅恪的"启发和诱导"[⑤]。而此数人皆深得"读书得间"之妙。

---

① 胡适：《我的自述》，《努力周报》（第7期）1922年6月18日。

② 胡适：《介绍我自己的思想》，《新月》1930年第3卷第4期。

③ 史念海：《史念海自传》，见晋阳学刊编辑部编：《中国现代社会科学家传略》（第1辑），山西人民出版社1982年版，第47页。

④ 李卫东：《没齿难忘恩师情——著名历史地理学家史念海和他的老师》，见陕西师范大学党委宣传部编：《风雨启夏魅力师大——媒体眼中的陕西师范大学》，陕西师范大学出版社2006年版，第318页。

⑤ 黄永年：《治学浅谈》，《文史知识》1993年第6期。

如陈垣治学喜欢于“细微处或人未注意处注意”①。吕思勉读书非常认真，“每读一书必加圈点标识，摘录材料，附加按语，然后分门别类”②。陈寅恪的《隋唐政治史述论稿》“便是能读书得间的好例子”③。童书业指导学生，论及治学中的起疑与求证问题，他“首先强调了‘读书得间’的重要”④。

虽然辛德勇关于“读书得间”的表述稍有瑕疵，但这并不意味着其不能熟练运用这一方法，因为理论上的欠缺并不必然导致实践上的失误，有时比着葫芦也是能画出瓢的。黄永年就曾一再赞扬辛德勇在这方面的能力，如其一则称辛德勇能够“下苦功啃文献，尤其是常见的重要文献，从别人不注意、容易滑过的地方认真比勘发现问题，解法问题，而不是希冀依靠孤本秘籍”⑤。再则称：“他就在这些文献包括文献的字缝里发现新问题，提出新看法，写出为人们包括老一辈学者所称许的文章。”⑥ 显见经过史念海、黄永年的培养，辛德勇很早便具备了对“读书得间”之法的实操能力。具体到《制造汉武帝》一书，粗看上去，他似乎也确实给读者提供了一个生动的、具备借鉴意义的“读书得间”实例。

具体而言，辛德勇研读《论轮台诏》，首先关注的不是田余庆从史料中阐发了什么，而是田余庆所用的史料本身是否可信。

---

① 李瑚：《励耘书屋受业偶记》，见《励耘书屋问学记：史学家陈垣的治学》，生活·读书·新知三联书店 1982 年版，第 116—117 页。

② 叶百丰：《忆诚之先生》，见《蒿庐问学记》，生活·读书·新知三联书店 1996 年版，第 180 页。

③ 殷海光、林毓生：《殷海光·林毓生书信录》（重校增补本），吉林出版集团有限公司 2008 年版，第 90 页。

④ 徐鸿修：《敬佩从欢笑中开始——回忆童书业先生》，见山东省政协文史资料委员会编：《悠悠岁月桃李情》，中国文史出版社 1991 年版，第 183 页。

⑤ 黄永年：《一本超越〈唐两京城坊考〉的佳作——推荐辛德勇博士的〈隋唐两京丛考〉》，见《学苑零拾》，华东师范大学出版社 2001 年版，第 160 页。按：“解法”当作“解决”。

⑥ 黄永年：《喜读辛德勇的论文集——〈古代交通与地理文献研究〉》，见《学苑零拾》，华东师范大学出版社 2001 年版，第 161—162 页。

如田余庆的《论轮台诏》曾引用载于《通鉴》但不见于其他文献的文字，为了说明这些文字是可信的，先后三次进行解释，其中有两次通过推绎朱熹的论述来支撑自己的观点。如其一则认为朱熹相信这段文字。因为据《朱子语类》载，朱熹在与门人谈论汉武帝时，曾引用过《通鉴》所载此段文字，“或是引用与《通鉴》此段文字同源的文字”，这说明“朱熹是相信《通鉴》这段话的”。由于“朱熹深谙司马光的学识，也了解北宋时古籍存佚情况。他对于此段史料的鉴别，其权威性自然要大大超过今人”[①]。再则称：“朱熹读史，主张正史为先，不偏废《通鉴》。《朱子语类》卷一一‘读书法（下）’说：‘看《通鉴》固好，然须看正史一部，却看《通鉴》。’关于轮台诏事，他应是熟读《史》、《汉》记载，然后特取《通鉴》之文加以论证。可见他对《通鉴》之文未因其不见正史而起疑心。司马光（1019—1086）与朱熹（1130—1200）年岁相距不甚远，《通鉴》对朱熹说来是近人之作，如果《通鉴》此文可疑，他是不会特别加以引用的。”[②]

对此，辛德勇认为朱熹虽然曾引用《通鉴》中的相关文字，但这“并不等于他专门‘鉴别’过这段纪事之史料来源是否可信”，纵使他真的对这段史料的来源做过鉴别，其权威性也不一定超过今人，因为“学问后出转精，也是事之常情”[③]。于是他从田余庆立论所用的史料入手进行剖析，一下子就抓住了问题的关键。

一般而言，即使最蹩脚的论说也力求实现逻辑的自洽，名篇宏文更不待言。因此，学者在研读时很容易被著者建构的语境所左右而失去独立判断能力。如关于《汉书》对轮台诏书的书写问题，田余庆、辛德勇、李开

① 田余庆：《论轮台诏》，见《秦汉魏晋史探微》，中华书局1993年版，第53页。
② 田余庆：《论轮台诏》，见《秦汉魏晋史探微》（重订本），中华书局2004年版，第57页。
③ 辛德勇：《制造汉武帝》（增订本），生活·读书·新知三联书店2018年版，第12—13页。

元、李浩等都有论说，游逸飞读后，觉得诸家说得都有道理："《汉书·武帝纪》与《西域传》有无轮台诏书的原因，固然可能如辛德勇所理解；但也可能是单纯的'互文见意'，轮台诏书不见于《武帝纪》，不一定等于它不具备整体国策的意义；再考虑到班固在《武帝纪》论赞里委婉陈辞，却在《昭帝纪》论赞直率批评武帝'海内虚耗，户口减半'，班固不将武帝追悔的轮台诏书写在《武帝纪》，而写在《西域传》里，显然亦可理解成为尊者讳的史笔，田余庆正主此说；李开元更认为《武帝纪》与《西域传》的差异，反映班固的《汉书》'无力也不能将这一段历史清理出合理的脉络来'，也是一种可能的解释。"①

故而学者治学，若想突破成说，做到如胡适所言的于"不疑处有疑"，谈何容易。以至于葛兆光将此作为判定学者优劣的标准："好的学者对现成的说法总有追问的习惯，而差的学者总是接受现成的说法，既不去搜集，也不去寻找，更不去解释那些边缘的、看上去是次要的资料。可是，好的学者呢，就像胡适说的，常常要在'不疑处有疑'。"②

当然，突破成说虽颇不易，但也并非无轨辙可循。如辛德勇一样，从前辈与时贤的论著所征引的史料入手进行研读就不失为一良策。因为对于史事论说而言，史料是其根本，所谓的视角选择、理论引领、方法运用、逻辑推理、观点陈述、文辞斟酌等皆由此而起，故从史料入手研读学者前辈或时贤的论著，就如同顺藤而摸瓜，往往可收事半功倍之效。因此陈垣论及治史，"从不空谈史学方法，只教人追寻史源，比对史书"③。

---

① 游逸飞：《制造辛德勇——从〈制造汉武帝〉反思历史事实、历史书写与历史学家之间的关系》，见《学灯》（第二辑），上海古籍出版社 2017 年版，第 343—344 页。

② 葛兆光：《思想史研究课堂讲录：视野、角度与方法》，生活·读书·新知三联书店 2005 年版，第 330 页。

③ 牟润孙：《励耘书屋问学回忆——陈援庵先生诞生百年纪念感言》，见《励耘书屋问学记：史学家陈垣的治学》，生活·读书·新知三联书店 1982 年版，第 87 页。

具体而言，当一部论著在手，作为学者，要想真正把握住其精髓，就须牢记陈垣的告诫："考寻史源，有二句金言：毋信人之言。人实诳汝。"①努力排除成见的干扰，逐条审核该论著所用的史料，找到其出处，案验其文字，然后结合原书的上下文，对其进行认真研读，在真正读懂之后，回到所研读的论著中，重新审阅著者对其所做的阐释。一般而言，运用这种方法研读他人的论著，形同拆解，方法虽颇为"粗暴"，但收效却甚佳，因为从著者对史料的取舍到义蕴的阐发，读者都是在形成独立判断的前提下进行研读的，于是对著者的创获及所存在的问题，自然皆了然于胸。并且由于逐条审读史料的缘故，读者往往还能生发出许多新的认识。因为读者通过对著者所用史料的深入研读，每每会见到一些著者在论述中没有用到的史料，这形同变相扩张史料，于是思考的空间自然也随之拓宽，当此情况下，读者产生新的看法也就不足为奇了。

如《资治通鉴》卷二二《载征和四年三月事》云："三月，上耕于钜定。还，幸泰山，修封。庚寅，祀于明堂。癸巳，禅石闾，见群臣，上乃言曰：'朕即位以来，所为狂悖，使天下愁苦，不可追悔。自今事有伤害百姓，糜费天下者，悉罢之！'田千秋曰：'方士言神仙者甚众，而无显功，臣请皆罢斥遣之！'上曰：'大鸿胪言是也。'于是悉罢诸方士候神人者。是后上每对群臣自叹：'向时愚惑，为方士所欺。天下岂有仙人，尽妖妄耳！节食服药，差可少病而已。'"

田余庆撰《论轮台诏》，引了其中的一句话："朕即位以来，所为狂悖，使天下愁苦，不可追悔。自今事有伤害百姓，糜费天下者，悉罢之！"然后解释说："这是汉武帝'罪己'的开端。"②

① 陈智超：《前言》，见《陈垣史源学杂文》，人民出版社1980年版，第2页。

② 田余庆：《论轮台诏》，《历史研究》1984年第2期。

辛德勇则将这段文字全录之，结合上下文进行思考："仔细品味汉武帝对其臣下讲的这段话，堂堂天子，竟用'向时愚惑'甚至'所为狂悖'这种堪称'丑诋'的词句来追悔自己的罪过，这在整个中国历史上，恐怕都是绝无仅有的用法"，因而认为"如此背离常理，其是否出自信史实录，未免令人疑虑"。继而又指出武帝亲耕钜定、禅石闾都是在向海外仙人示好，然而"《资治通鉴》却记载汉武帝就在刚刚禅祠石闾之后，竟然突发异想，以'所为狂悖'之语严厉谴责自己的作为，转瞬之间，判若两人，脸面变换之迅疾，无乃过于急遽"[①]。凡此皆不支撑田余庆所言《通鉴》对于史料，采取"无征不信，有异则考明之，严谨而不苟且"的取舍原则。[②]

一般而言，许多史料考察到这个地步，基本就可以回归所研读的文字，继续下一条史料的辨析了，但辛德勇却没有就此止步，而是继续推考史源，此举也使他得以跳出田余庆所构建的政治史框架，将相关问题的研究引入史料批判领域。

《资治通鉴》一书的史事皆出自传世文献，且"一事用三四出处纂成"，故若有学者以《通鉴》史料立论，为慎重起见，就必须推考到其史源，"非逐一根寻其出处，不易知其用功之密，亦无由知其致误之原也"[③]。辛德勇应该就深明此理，因此对于上述《通鉴》所云武帝泰山"罪己"的史料，他为了理清其头绪，就有意识地对其史源进行考察："通检《史记》《汉书》两书，以及诸如《盐铁论》这样直接议论武帝时期政事的著述，都见不到与上述泰山'罪己'内容相同的记载。"进而提出问题："这

---

① 辛德勇：《制造汉武帝》（增订本），生活·读书·新知三联书店 2018 年版，第 7—10 页。按："禅祠"原文作"禅祀"。

② 田余庆：《论轮台诏》，见《秦汉魏晋史探微》，中华书局 1993 年版，第 57 页。

③ 陈垣：《通鉴胡注表微》，科学出版社 1958 年版，第 109 页。

样一来，就牵涉一个基本的史料学问题，即仅见于《通鉴》而未见于《史记》《汉书》等基本史籍记载的西京史事，是否适宜用作论述西汉历史问题，尤其是像汉武帝悔过罪己这样重大历史问题的直接依据？”①

不过，尽管辛德勇先生言之凿凿，然细绎其问题提出的过程，却不乏可商榷之处。

如《汉书·武帝纪》称征和四年“三月，上耕于钜定”。服虔注：“钜定，地名也，近东海。”论者认为武帝此举体现了其重农之意，但辛德勇认为若如此，则属“违背礼制的举措”。其理由是天子亲耕的地点无论是《白虎通》所称的东郊，还是《礼记》所称的南郊，“终归应该是在毗邻京师城垣的地方，后世天子亦无不如此行事”②。

果如此乎？

事实上，特殊情况下，朝廷并不拘泥于典制。如据《汉书·昭帝纪》，始元元年春，“上耕于钩盾弄田”。应劭曰：“时帝年九岁，未能亲耕帝籍，钩盾，宦者近署，故往试耕为戏弄也。”臣瓒曰：“《西京故事》弄田在未央宫中。”据《汉书·成帝纪》，钩盾确在未央宫，如建始三年七月，有小女陈持弓闻大水至，“走入横城门，阑入尚方掖门，至未央宫钩盾中”。这显然是因为昭帝年幼，不适合外出，故于宫中举行亲耕礼。就于地方举行亲耕礼而言，考两汉史事，除武帝曾耕于钜定外，东汉永平十五年二月，明帝亲耕于下邳。元和三年正月，章帝亲耕于怀。究其原因乃在于帝王亲耕之礼当在春季举行，如《盐铁论·授时》称：“春亲耕以劝农。”刘昭注补《后汉书志·礼仪志》，引《汉旧仪》曰：“春始东耕于藉田。”当君主巡行于外，若无法按时赶回京师，亲耕之礼就只能从权在巡行地举行。故

① 辛德勇：《制造汉武帝》（增订本），生活·读书·新知三联书店2018年版，第11页。
② 辛德勇：《制造汉武帝》（增订本），生活·读书·新知三联书店2018年版，第10页。

武帝耕于钜定属对礼制的变通，而非违制之举。

辛德勇进而对巨定即钜定所在的地理位置进行探析：“然而，汉武帝此番亲耕的‘巨定’，却远在渤海岸边，故《汉书·沟洫志》有‘东海引巨定’之说，东汉人服虔亦以其地‘近东海’称之。”由此得出钜定与汉武帝“欲浮海求神仙”的东莱郡相去不远的结论，并联系当年秦始皇立石海上作为秦东门阙，以标识秦之东门并迎候海外仙人的做法，认为“应当有理由推测，汉武帝之亲耕于巨定，大概与其行幸东莱一样，也是为了追求迎候海中的神仙，即为得道长生，而在东方海滨向海外的仙人示好”①。

关于钜定的地望，顾炎武在《日知录》中有细致的剖析：“《河渠书》‘东海引钜定’，《汉书·沟洫志》因之，‘东海’疑是‘北海’之误。按《地理志》齐郡县十二，其五曰钜定，下云‘马车渎水首受钜定，东北至琅槐入海’。又千乘郡博昌下云，‘博水东北至钜定入马车渎’。而《孝武纪》曰征和‘四年春正月，行幸东莱，临大海’。‘三月，上耕于钜定。还幸泰山，修封。’计其道里，亦当在齐，去东海远矣。”②

考钜定县之得名当与钜定泽在该地有关，钜定泽为洋水、浊水、女水交汇之地，经马车渎水入渤海。武帝元封二年塞瓠子后，用事者争言水利，北海郡因地近钜定泽，遂引其水溉田万余顷。《史记·河渠书》误书为东海郡，《汉书》因而不改。据此可知，钜定县有丰沛的水源，当为齐郡较为发达的农业灌溉区，武帝前来视察农业，因亲耕以示重农。辛德勇认为当是武帝在向海外的仙人示好的看法是不恰当的。因为汉代君主行亲耕礼，所表达的都是重农之意。如据《史记·文帝本纪》，二年正月，文帝称：“农，天下之本，其开藉田，朕亲率耕，以给宗庙粢盛。”据《汉

① 辛德勇：《制造汉武帝》（增订本），生活·读书·新知三联书店2018年版，第10页。

② 顾炎武著，黄汝成集释：《日知录集释》卷二六，上海古籍出版社1985年版，第1886—1887页。按：据《汉书·地理志》“博水”当为“时水”。

书·文帝纪》，十三年二月，文帝诏曰：“朕亲率天下农耕以供粢盛。”据《汉书·景帝纪》，后元二年四月，景帝诏称：“朕亲耕，后亲桑，以奉宗庙粢盛祭服，为天下先。”据《汉书·董仲舒传》，武帝称其即位后，“今朕亲耕藉田以为农先”。至于说致意神灵，刘昭注补《后汉书志·礼仪志》，引《汉旧仪》云藉田所祠祭的是神农炎帝：“春始东耕于藉田，官祠先农。先农即神农炎帝也。”此与海外仙人没有任何关系。

辛德勇为证《通鉴》所载武帝禅石闾后见群臣所发之语及后自叹之言不可信，特引易佩绅语“自谓狂悖，自谓愚惑，千古之君，罕有自责如是者”，以证自己的怀疑有道理。实则在其所引文之前有“善哉，武帝晚年之悔，千古皆知其美，吾亦无异议也。独推其所悔之由，与千古共证焉”云云，其后有“则其才力能为恶而即能不怙恶，亦何可及也”[①]。也就是说，易佩绅认为武帝这样做是可以理解的。

应该说，“读书得间”不仅仅是史念海的告诫，也不仅仅是辛德勇的治学信念，而是治学者的基本律条，但从辛德勇的论述看，能否做到“读书得间”，却不是怀揣这个信念就可以做到的。学者观此，可不慎乎！

二、追踪问题：可靠的起点是否找到

一般而言，选题确定之后，接下来要做的就是了解与选题相关的研究状况，这对于学术研究非常重要。如陈垣称：“研究一个问题，首先要了解前人、今人所取得的成果，因此，必须周密地进行调查研究，详细地占有材料，然后在此基础上继续前进。否则，孤陋寡闻，事倍功半。”[②] 换句

① 易佩绅：《通鉴触绪》卷八，清光绪刻本。

② 史树青：《励耘书屋问学札记》，见《励耘书屋问学记：史学家陈垣的治学》，生活·读书·新知三联书店1982年版，第79页。

话说，“了解学术史的状况，实际上是为自己的研究定位，找到可靠的起点”①。因此近年来学者治史，普遍重视梳理学术史，辛德勇亦如此。然观其论述，看似脉络清晰，实则相当混乱。

如其认为学界依据《通鉴》记载提出武帝晚年治国路线发生转变之说，始于日本学者市村瓒次郎在20世纪30年代出版的《东洋史统》，该书通过对《通鉴》所载征和四年三月武帝所讲的追悔往昔狂悖行为之语，以及《前汉纪》所载的武帝停罢轮台屯田诏书的分析，认为这是武帝“旨在罪己悔过，体现了汉武帝施政方针的改变。正是依赖这一改变，使得此前因其连年劳扰天下苍生而骚然不宁的民心，‘复归于汉室，处于动摇状态的西汉王朝幸而保全。由此也可以看出，汉武帝足以堪称是一位伟大的政治家’”②。

然而早在1888年，日本著名东洋史家那珂通世就在其所著的研究中国史的专著中，利用《通鉴》所载罢黜方士事论武帝晚年政治转向：“武帝受文景丰富之后，好大喜功。……至泰山，修封禅，既而谓群臣曰：‘朕即位以来，所为狂悖，使天下愁苦，不可追悔，自今事有伤害百姓者，悉罢之。’乃罢诸方士候神人者。是后每对群臣，自叹向时愚惑。罢议轮台屯田，下诏深陈既往之悔，令禁苛暴，止擅赋，力本农，修马复令，以毋乏武备。由是不复出军。”并将此概括为武帝“晚年悔改”。又云武帝欲立少子弗陵，“察群臣唯霍光忠厚，可任大事”，及病笃，以霍光受遗诏辅政，“霍光为政，首问民疾苦，振贷贫民，罢榷酤官，轻徭薄赋，与民休息，百姓充实，稍复文景之业”。观此可知，辛德勇所讲的市村瓒次郎的观点基本不出那珂通世论述的范围。

---

① 杨玉圣、张保生主编：《学术规范导论》，高等教育出版社2004年版，第117页。

② 辛德勇：《制造汉武帝》（增订本），生活·读书·新知三联书店2018年版，第6页。

故若梳理学术史，那珂通世的观点不当被略去。其观点早出，是其一；其书被引入中国，对中国学界影响甚大，是其二。《支那通史》一书1899年在上海由东文书社罗振玉翻印出版，该书出版后，与1904年出版的另外两本书，即商务印书馆出版的夏曾佑的《最新中国历史教科书》、国学保存会出版的刘师培的《中国历史教科书》，“在二十世纪初年是最有影响的”①。此外该书还由柳诒徵改编，并更名为《历代史略》予以出版。《历代史略》对《支那通史》只是稍作调整，如关于武帝晚年悔过的叙述，此书全录之。此书约在1902年由江楚编译局初印，作为教科书使用，深受社会欢迎，“一跃而为畅销书，所以当时上海等地书店竞相翻版印售”②。

辛德勇在叙述过市村瓒次郎的观点后，紧接着说：“其后，中国学者唐长孺，在从1956年开始编写的《秦汉史讲义》中，同样依据《通鉴》上述记载讲述说：‘人民起义给武帝一个教训。前89年（征和四年），他对群臣说：“我从即位以来，所作所为，狂妄无理，使得天下困苦，现在后悔莫及。”因此他遣散了方士。这一年，有人建议在轮台设立屯田，他下了一纸诏书说明他不愿意再烦扰天下（这是有名的轮台之诏）。从此以后，他不再出兵。’”③ 观此，同样不出那珂通世的论述范围。并且在此之前，朱焕尧、劳干等即以此论史。如朱焕尧称征和四年，武帝“罢遣方士候神仙者”，又“下诏深陈既往之悔”，“由是不复出军，而封丞相为富民侯，以示休息思富养人民”④。劳干（字贞一）称武帝晚年在心灰意冷之

① 胡嘉：《吕诚之先生的史学著作》，见《蒿庐问学记》，生活·读书·新知三联书店1996年版，第42页。

② 柳曾符：《柳诒徵早期的三部历史著作》，见柳曾符、柳佳编：《劬堂学记》，上海书店出版社2002年版，第198页。

③ 辛德勇：《制造汉武帝》（增订本），生活·读书·新知三联书店2018年版，第6页。

④ 朱焕尧：《汉武帝》，胜利出版社1946年版，第169—172页。

下，征和四年下“著名的‘轮台之诏’”，“从此以后，便不再出兵，将方士们也遣散了。专务农事，与民休息”[①]。

由于学术史重在发掘学者在某一问题上的创见，若市村瓒次郎、唐长孺的学术创获果真如辛德勇所言，只是重复前贤的学术观点而无新的发明，若无特殊原因，则他们在该问题的学术史上是不能占有一席之地的。

事实则是市村瓒次郎确有学术创新，但不是辛德勇引述的那部分，而是将武帝末年政治转向与昭宣之政建立起了因果关系，从而将那珂通世的研究向前推进了一大步：“霍光的政策继承了武帝末年的精神，改变了以前的膨胀政策，实行了紧缩的方针。这个事实虽然是昭帝时代的内政，但一直延续到宣帝时代。”[②]

至于唐长孺的创获则是认为霍光之政与武帝晚年之政并无必然联系，霍光所推行的依然是武帝的横征暴敛、穷兵黩武之政，只是迫于当时社会形势严峻，不能不考虑统治政策的改变。如论及霍光之政，唐长孺称“他一方面继承武帝的高压政策，引用酷吏”，法治严苛。“另一方面他部分地减轻了人民负担”，如减轻口钱更赋，废除酒的专卖制及地主官僚养马的义务等；徭役方面，“虽仍然对外用兵，但一般说来，较前要减少好多”[③]。由此可知，唐长孺不应当纳入该问题的学术史中，因为他的看法其实与辛德勇大致相同。

在叙罢唐长孺的学术创获之后，辛德勇接着即称：“至上世纪80年代中期，田余庆撰写《论轮台诏》一文，评述汉武帝一生行事，更系统地论述刘彻在其去世前两年，亦即征和四年，大幅度转变政治取向，由横征暴敛、穷兵黩武，转向所谓‘守文’，从而‘澄清了纷乱局面，稳定了统治

---

① 劳贞一：《秦汉史》，中国文化服务社1946年版，第40页。

② ［日］市村瓒次郎：《东洋史统》（卷一），东京富山房1939年版，第446页。

③ 唐长孺：《秦汉三国史》，《讲义三种》，中华书局2011年版，第89—90页。

秩序，导致了所谓“昭宣中兴”，使西汉统治得以再延续近百年之久’，而田氏以为《通鉴》上述记载，即为‘汉武帝“罪己”的开端’。”并称“这是一个十分重大的历史论断，引起中国学术界广泛关注和高度赞誉”①。

实则田余庆这一“十分重大的历史论断”与市村瓒次郎的看法相差无几，并且在20世纪五六十年代已经基本成为中国学术界的共识。其中许多学者如汪篯、何兹全、杨翼骧、张维华、漆侠等是在没有使用《通鉴》相关史料的情况下得出相似认识的。② 辛德勇也注意到了这一状况，指出1949年后，有很多人，依据武帝的《轮台诏》，“谓汉武帝在其末年，迫于各地农民的武力暴动等反抗活动的压力，不得不改变国策，止戈收兵，与民休息”，并举何兹全、张维华之说以证。又称徐复观亦据此作出大致相似的论述。最后指出：“若不考虑《资治通鉴》所展示的汉武帝治国理念发展过程，仅就其基本国策的转捩而言，这在很大程度上也可以说是单纯依据轮台之诏，得出了与市村瓒次郎、唐长孺、田余庆诸人相同的认识。”③

田余庆亦持此说，但与汪篯等不同的是他同时还采用了《通鉴》的相关史料。如田余庆在由中央高级党校1962年印行的《秦汉史》一书中，特引《通鉴》所载武帝解释自己内兴功利、外事四夷的原因的话，及《汉书·西域传》的史料，称在农民再接再厉的捶击下，武帝晚年断然罢逐为他求仙药而伤民糜费的方士，“拒绝在轮台（今新疆轮台）屯田远戍的请

① 辛德勇：《制造汉武帝》（增订本），生活·读书·新知三联书店2018年版，第6—7页。

② 参见汪篯：《汉武帝末年的农民起义》，见《汉唐史论稿》，北京大学出版社1992年版，第102页；汪篯：《汉武帝以后八十余年间阶级矛盾从相对缓和到尖锐化的发展》，见《汉唐史论稿》，北京大学出版社1992年版，第103—104页；何兹全：《秦汉史略》，上海人民出版社1955年版，第72页；杨翼骧编著：《秦汉史纲要》，新知识出版社1956年版，第72页；张维华：《论汉武帝》，上海人民出版社1957年版，第54页；漆侠：《秦汉农民战争史》，生活·读书·新知三联书店1962年版，第79页。

③ 辛德勇：《制造汉武帝》（增订本），生活·读书·新知三联书店2018年版，第17页。

求，并且下诏自责‘深陈既往之悔’”，申明当时之务在禁苛暴，止擅赋，力本农等。同时鼓励农业生产，从而使农民暴动暂时缓和了。“武帝死后，霍光辅佐昭帝，按照武帝晚年的办法，继续与民休息。”① 田余庆后来又把这一论述写入1979年3月由人民出版社出版的《中国史纲要》（第一册）中。

20世纪七八十年代，学者对于《资治通鉴》中的史料或用或不用，普遍持武帝晚年政治发生转变说。如徐复观、韩养民、林剑鸣、姚秀彦等即不用《通鉴》史料立论。② 林瑞翰、邹纪万、尹湘豪等则用《通鉴》史料立论。③

通过梳理学术史可知，关于汉武帝晚年政治取向发生转变的观点，晚近以来，初由那珂通世所揭示，嗣后迭经学者阐释，到了20世纪五六十年代，已几成学界共识。于淑娟在采访辛德勇时称：“一直以来，我们认为汉武帝晚年有个政治取向的转变，即由武转文。”这是符合事实的。而辛德勇由于不明该问题研究的学术源流，遂认为“主要是由田余庆先生在《论轮台诏》这篇文章中加以系统论证并产生广泛影响的”④。事实上，田余庆的学术成就并不在于那个所谓的“十分重大的历史论断”，而是在于他试图理清导致产生那个“十分重大的历史论断”的原因，如果说其他人解决的是“知其然”的问题，田余庆解决的则是“知其所以然”的问题。

---

① 田余庆：《秦汉史》，中共中央高级党校1962年版，第58页。

② 参见徐复观：《〈盐铁论〉中的政治文化问题》，《两汉思想史》（第三卷），华东师范大学出版社2001年版，第75页；朱绍侯主编：《中国古代史》（上），福建人民出版社1979年版，第337页；姚秀彦：《秦汉史》，台湾三民书局1983年版，第202页。

③ 参见林瑞翰：《中国通史》（上）（增订版），台湾三民书局1973年版，第127页；傅乐成主编，邹纪万著：《秦汉史》，《中国通史》，台湾长桥出版社1980年版，第70—71页；尹湘豪：《汉武帝》，江西人民出版社1982年版，第94页。

④ 于淑娟：《辛德勇：从尚功到守文，司马光如何构建汉武帝》，澎湃新闻，2015年5月8日，https：//www. thepaper. cn/newsDetail_ forward_ 1325381

为了解释清楚武帝晚年治国路线转变问题，田余庆重点对卫太子问题和开边问题进行阐释，兼及对《通鉴》所载相关史料进行了考订。

关于卫太子问题，田余庆主要从围绕武帝与卫太子父子而形成的开边兴利政治势力与“守文”政治势力展开的政治博弈进行论述，认为巫蛊之狱的发生正是这一矛盾激化的结果。需要指出的是，关于武帝晚年在统治集团内部形成分别以武帝、卫太子为首的两个派别的看法，张烈已发之在前，如张烈指出，武帝晚年由于阶级斗争的冲击和各自的利害关系，地主阶级内部出现了严重的矛盾和意见分歧，最终“在统治集团内部就正式分裂成两个政派，‘群臣宽厚长者皆附太子，而深酷用法者皆毁之’”[①]。田余庆的贡献是进一步深化了相关论述。

关于开边问题，田余庆着重梳理了武帝一朝开边经过，指出如果不计伐大宛事，则武帝在元封年间就已经完成了历史赋予他的使命。伐大宛虽事出有因，但并非必要。在《轮台诏》颁布前，汉朝存在着继续向西发动战争的可能，但由于社会动荡和统治集团内部的纷争，使武帝最终决定放弃远征的图谋，利用为卫太子昭雪事、征和三年发兵失利事改弦更张，颁《轮台诏》推行“守文”之政。

关于《通鉴》史料考订问题，主要辨析了《通鉴》所载但不见于《史记》《汉书》及其他有关典籍的相关史料的可靠性问题。

此外田余庆的论述还有重要的方法论意义。为了便于理解这一重要意义，有必要引入历史解释理论。

当代西方学者考察 19 世纪后期以来西方史学历史解释理论的发展轨迹，认为其基本经历了由传统史学的重构主义，到新史学的建构主义，再

① 张烈：《评盐铁会议》，《历史研究》1977 年第 6 期。

到后现代主义的解构主义的“三种史学类型的转换”。[①]

具体而言，重构论认为客观真实就在证据之中，“事实通常先于解释”[②]，只要对证据处理得当，事实自身就会呈现出意义。建构论认为对历史的论述依靠先于论述之前预设的以原则、框架、规则等要件构成的“解释模式”，来“讲解或者叙述过去的生活、意图和事件”[③]，它“要求历史学家提供而不是发现过去事件之间的关系”[④]。但两者皆相信历史中存在着客观真实，并强调证据的作用，如他们都相信“就像现在一样，过去是真实的，通过指涉和推论的机制，亦即在证据中发现事实，‘真理’与那种真实相符”[⑤]。二者都“追求历史学的科学性，力图让历史学成为一门‘科学的知识’”，故而二者又皆可归入现代主义史学范畴之中。[⑥]

解构主义史学并不否认任何过去的真实性，但与现代主义史学追求历史的客观真实性或者“本质的真实性”不同，属于后现代主义史学范畴的解构主义史学则转向追求形式的真实性，强调语言在历史解释中的主导作用，认为“通过比喻表达的语言学力量，语言构成了历史的内容以及用来指导和解释历史证据的概念与范畴”[⑦]。具体而言，该说“认为由于史料只有通过历史学家的加工（核对、综合、编排、情节化）才得以被归纳出所谓历史事实，其间历史学家不可避免地将自身强加于过去之上，可能以挖掘证据发现真实意义、创制或运用社会理论等方式明显地表现出来，更为重要的是运用情节设置或叙述结构以便于阐释历史，因而证据向我们表明

① 邓京力：《重构、建构与解构之间——从文学形式论史学类型与史学性质》，《史学理论研究》2012年第1期。

② ［英］Alun Munslow，Deconstructing History，New York：Routledge，2006，p. 41.

③ ［英］Alun Munslow，Deconstructing History，New York：Routledge，2006，p. 49.

④ ［英］Alun Munslow，Deconstructing History，New York：Routledge，2006，p. 193.

⑤ ［英］Alun Munslow，Deconstructing History，New York：Routledge，2006，p. 41.

⑥ 池桢：《建构、重构、解构与历史学的自由之路》，《史学月刊》2012年第10期。

⑦ ［英］Alun Munslow，Deconstructing History，New York：Routledge，2006，p. 194.

隐喻的由来，并由此完成历史知识的创制”[1]。

以此来考察20世纪深受西方史学影响的中国史学，以王国维、胡适等为代表的实证史学当属重构主义史学。而以郭沫若、翦伯赞等为代表的马克思主义史学则属建构主义史学。

以此来审视田余庆等在新中国成立之初的论述，当可归入建构主义史学范畴。新中国成立后，学界一度盛行“让步政策”论，该观点受毛泽东关于中国革命的论断的影响而产生。论及中国封建社会农民战争的历史作用，毛泽东称：“在中国封建社会里，只有这种农民的阶级斗争、农民的起义和农民的战争，才是历史发展的真正动力。因为每一次较大的农民起义和农民战争的结果，都打击了当时的封建统治，因而也就多少推动了社会生产力的发展。”[2] 新中国成立之初，翦伯赞对毛泽东的这一论断进行了阐发：“中国历代以来的农民暴动，虽然一个跟着一个失败，没有改变中国封建社会的经济基础和政治制度，但每一次大暴动都或多或少推动了中国封建社会的发展。因为在每一次大暴动之后，新的封建统治者，为了恢复封建秩序，必须对农民作某种程度的让步，这就是说必须或多或少减轻对农民的剥削和压迫，这样就减轻了封建生产关系对生产力的拘束，使得封建社会的生产力又有继续发展的可能，这样就推动了中国历史的前进，因而中国历史上的每一个农民暴动或农民战争，可以说，都是中国封建社会向前发展的里程碑。”[3] 此即“让步政策”论。当然据考证，该说的最早提出者并非翦伯赞，“但是，对新中国成立后史学界实际发生影响的，

---

① 邓京力：《重构、建构与解构之间——从文学形式论史学类型与史学性质》，《史学理论研究》2012年第1期。

② 毛泽东：《中国革命和中国共产党》，见《毛泽东选集》（第2卷），人民出版社1991年版，第625页。

③ 翦伯赞：《论中国古代的农民战争》，《学习》1951年第3卷第10期。

则是翦伯赞的‘让步论’”[①]。受其说影响，汪籛、何兹全、张维华等学者都普遍注意到了《轮台诏》的重要性，田余庆亦如此。

然而运用建构主义史学解释历史，也就意味着“历史的意义不是来自于历史本身，而是被预设的解释框架制造出来”[②]。其悖离历史真相的弊端是显而易见的。相比而言，重构主义史学反对理论的预设，主张遵循归纳演绎的逻辑方法，以抽丝剥茧的方式，将历史的“真相”从史料中抽绎出来，并以清晰、明确的表述呈现给读者，就显得甚为“科学”。故而20世纪80年代田余庆对该问题再度进行思考时，便有意识地从史料入手，通过梳理史料之间的内在联系来把握历史演进的脉络，并竭力避免使用原来风行的史学话语系统叙述历史，此举在内容上深化了学界对秦汉史的认识，在方法上提供了一个在当时颇具特色的研究范式。

王子今作为时代的亲历者，对此深有感触：“20世纪70年代末以来，一些青年学人……倾向于将政治史从社会史、文化史、生活史中剥离开来，却没有想到还可以进行《说张楚》《论轮台诏》这样的政治史研究。田余庆先生的论著，是政治史研究的新创制，也在当时谋求史学新生的思想解放浪潮中，以新的视角，新的思路，新的方法，新的格调，树立起了学术高标。”[③]

需要指出的是，虽然其论颇新，但实际上这是用重构主义史学方法，实证了一个建构主义史学观点。田余庆曾说“让步政策的有无，是个可以讨论的学术问题”，又说“这本来是为了探索农民战争的伟大历史作用而提出来的一种见解”。并且说“伯赞同志反对把让步政策当公式使用的观

---

① 王学典：《中国当代史学思想发展史上的第三次重大突破——历史创造者问题讨论的意义》，《思想史上的新启蒙时代：黎澍及其探索的问题》，河南人民出版社2010年版，第145页。

② 池桢：《建构、重构、解构与历史学的自由之路》，《史学月刊》2012年第10期。

③ 王子今：《“守住科学良心”——追念田余庆先生》，《中华读书报》2014年12月31日第7版。

点，当年参加编写《中国史纲要》的同志都多次听他讲过”[1]。这也就是说，作为《中国史纲要》编写组的成员，其当年撰写秦汉史部分时，并没有把让步政策当公式来使用，自己的论述是经得起时间的检验的。故《论轮台诏》一文可视为其论述的注脚。

通过以上分析可知，田余庆在20世纪80年代发表的《论轮台诏》一文所采用的研究方法，在当时是颇有借鉴意义的，故而该文一经刊出，便对学界产生了广泛影响。许多学者对田余庆的解释产生了浓厚的兴趣，因此纷纷运用他所提供的研究方法撰文发表自己的看法。这其中既有完善田余庆之说者，也有持异见者。也就是说，田余庆的论述不是成为了定论，而是成为了研究的新起点。

如关于卫太子问题，田余庆将其置于朝廷内部利益纠葛、政见抵牾的背景下，探赜索隐、钩深致远，不仅给这一问题开辟了广阔的讨论空间，并且提供了具体的探讨范式。因而学者们如劳干、阎步克、王子今等沿田余庆开辟的路径、方法继续推求，新见迭出。[2]

总之，若就武帝晚年政治转向问题做学术史梳理，可知该论断是晚近以来，中外学者从不同角度经过长期探讨而达成的基本共识，其中那珂通世、市村瓒次郎、田余庆等三人属关键人物，那珂通世指出了武帝在晚年政治取向发生转变这一事实，市村瓒次郎将这一转变与昭宣之政建立起了因果关系，田余庆则是解释了武帝晚年政治取向发生转变的原因。而唐长孺不与焉。

---

① 田余庆：《坚持真理 无畏无私——深切怀念翦伯赞同志》，《北京大学学报（哲学社会科学版）》1983年第3期。

② 参见劳干：《对于〈巫蛊之祸的政治意义〉的看法》，台湾《“中央研究院”历史语言研究所集刊》第57本第3分（1986年）；阎步克：《汉武帝时“宽厚长者皆附太子”考》，《北京大学学报（哲学社会科学版）》1993年第3期；王子今：《晚年汉武帝与“巫蛊之祸”》，《固原师专学报》1998年第5期。

三、解析问题：假设何以无法成为定论

民国时期，胡适提倡治学要秉持“科学精神”，鼓励学者对所提出的问题，要敢于作出“大胆的假设”①。由于假设在学术研究中的地位举足轻重，因此，自民国以来，胡适的主张颇得盛誉。季羡林甚至认为胡适的“大胆的假设”与“小心的求证”一样，是“不刊之论，是放之四海而皆准的方针。古今中外，无论是社会科学，还是自然科学，概莫能外”②。

辛德勇对胡适此说也甚有心得。如其一则称：“我们研究政治史时需要一些启发和联想，有些道理古今是一贯的，问题是论证过程中要非常小心，胡适讲了一句话：‘大胆假设，小心求证’，虽然他是资产阶级分子，但是从技术角度来讲这个说法是很对的，还是可以用的。”③ 再则称：“胡适先生曾经说过，做学问要大胆地假设，小心地求证。”④ 复称学者联系、比照现实研究古代政治问题，尤其是涉及权力斗争的问题，“在分析的过程中研究者特别需要对自己的‘大胆假设’做出谨严的‘小心求证’”⑤。

据辛德勇讲，他的论述自始至终都是用的“史料比勘”之法，亦即通过对史料的辨析得到的。而胡适似乎将“假设”的产生归为非理性行为，如其声称“应该知道这一步在临时思想的时候是不可强求的；是自然涌上来，如潮水一样，压制不住的；他若不来时，随你怎样搔头抓耳，挖尽心

---

① 胡适：《介绍我自己的思想》，《新月》1930 年第 3 卷第 4 期。

② 薛克翘编：《治学漫谈》，见《季羡林学术著作选集 · 学海泛槎——学术回忆录》，新世界出版社 2015 年版，第 277 页。

③ 辛德勇：《制造汉武帝——司马光〈资治通鉴〉构建的汉武帝晚年政治形象》，微信公众号：三联书店三联书情，2016 年 7 月 7 日，https：//mp. weixin. qq. com/s/xFuYDNTw3EVjIaNh3VX39w

④ 李肖含：《辛德勇：甘当匠人的学人》，《中华儿女》2017 年第 3 期。

⑤ 辛德勇：《谈谈所谓“卫氏集团”和“李氏集团”》，微信公众号：辛德勇自述，2018 年 11 月 23 日，https：//mp. weixin. qq. com/s/GL5WBWVeIwY3NWdAYWzMqQ

血，都不中用”[①]。又说：“假设是人人可以提的。譬如有人提出骇人听闻的假设也无妨。”[②] 故其说虽颇能炫惑视听，但一流学者对此多不认同。如王国维认为治学“宜由细心苦读以发现问题，不宜悬问题以觅材料”[③]。柳诒徵称：“学者识力，大都出于读史。苟屏前史，一切不信，妄谓吾之识力能破传统观念之藩，则事实所不可能也。或袭近人之言，或采异域之说，亦即秉遐迩之史，以为创新之识，隐有其传，非能舍史而得识也。语曰：温故而知新。苟非以故谷为种，何能产新禾之苗乎?”[④] 汤用彤则曾当面对胡适讲，“他自认胆小，只能作小心的求证，不能作大胆的假设”[⑤]。

不过，胡适又说，要想做出“假设”，首先要“观察一些同类的‘例’”，然后在此基础上“提出一个假设的通则，来说明这些‘例’”[⑥]，亦即“假设”是通过归纳的方法得来的，“不能提出假设的人，严格说来，竟可说是不能使用归纳方法”[⑦]。而辛德勇所谓的“比勘”意为比照验证，或是运用比较法，或是运用类比法来实现。似乎与归纳法没有联系，但事实上，归纳正是通过比较这一逻辑形式实现的，通过比较，“个别存在中互相相同的内容直观地显示出来”[⑧]，从而实现归纳的意图，这里所谓的“比较”，包括“类比”，因为虽然比较是从特殊到一般的推理，类比是从特殊到特殊的推理，但类比是以比较为基础的，类比与比较“是处于不同发展层次上的思维形式”，因此从某种意义上说，类比其实就是“比较的

① 胡适：《实验主义》，见《胡适文存》（卷二），亚东图书馆 1921 年版，第 127 页。
② 胡适：《治学方法》，见《容忍与自由——胡适演讲录》，京华出版社 2006 年版，第 178 页。
③ 周光午：《我所知之王国维先生》，见陈平原、王枫编：《追忆王国维》，中国广播电视出版社 1997 年版，第 165 页。
④ 柳诒徵：《国史要义》，华东师范大学出版社 2000 年版，第 165 页。
⑤ 曹伯言整理：《胡适日记全编》（6），安徽教育出版社 2001 年版，第 642 页。
⑥ 胡适：《国语文法概论》，见《胡适文存》（卷三），亚东图书馆 1921 年版，第 37 页。
⑦ 胡适：《清代学者的治学方法》，见《胡适文存》（卷二），亚东图书馆 1921 年版，第 230—231 页。
⑧ 崔平：《有限意识批判》，江苏人民出版社 2015 年版，第 279 页。

一个特例，抑或一个环节，类比正是在比较活动之中进行的”①。

但胡适通过归纳提出“假设”的论述，显然与其所谓的“大胆”相矛盾。因此若如此的话，所谓的“假设”的提出是顺理成章的，何须“大胆”二字？故许冠三很不客气地指出，胡适“以‘大胆的假设，小心的求证’来简括‘科学方法’，非只曲学，且有玩弄乡愚之嫌。近代科学史久已表明，效果良好的，甚至是革命性的科学假设，绝大多数皆有凭有据——或原于有效的演绎，或本于精密的归纳，或因于比物方类的推想，而和‘大胆’与否毫不相干”②。其实胡适自己对此也颇有自知之明，所以“成为学术明星后，胡适治学日趋严谨，不大敢像早年那样‘乱发议论’”。在20世纪30年代，胡适还有些“小胆的假设”，40年代后则基本上只从事“小心的求证”③。

胡适的“大胆的假设”理论既已如此，辛德勇的假设又能如何呢？

归纳一下，辛德勇大致提出了六个假设：1. 武帝晚年所下《轮台诏》属政策的局部性调整；2.《通鉴》有关汉武帝与戾太子之间治国路线分歧的记载出自《汉武故事》；3.《汉武故事》所记史事不足凭信；4. 司马光为了证释和阐扬他的政治主张而采录《汉武故事》所载相关史料；5.《汉武故事》有关武帝父子之间治国路线分歧的史事是其作者王俭所杜撰；6. 汉武帝谓戾太子不类己故事的原型可能是宣帝、元帝父子。当然，这六个假设其实就是六个结论，但二者并不矛盾，因为在论述中先提出结论正是假设或假说的特点：“假说的特点是先提出结论，而后按照这个方向考察、搜集史实来验证这个假说。”④

---

① 康渝生：《马克思主义哲学研究的当代视域》，黑龙江大学出版社2016年版，第70页。

② 许冠三：《新史学九十年》，岳麓书社2003年版，第181页。

③ 陈平原：《导言》，见陈平原选编：《胡适论治学》，安徽教育出版社2006年版，第5页。

④ 蒋大椿：《论与史的关系考察》，《历史研究》1982年第4期。

这几个假设中，第 1 个假设否定了主流看法；第 2 个假设指明了相关史料的出处，解决了困扰学界多年的难题；第 3 个假设颠覆了学界对《汉武故事》的认知；第 4 个假设属情理之中，意料之外。可以说仅是这 4 个假设就已堪称“大胆”，足以耸动视听，没想到他又提出了第 5、6 两个完全超乎学者想象的假设！试想这样的文章，关注秦汉史者谁不想研读一番？并且，辛德勇还用这 6 个假设构建了他的论述框架，从而充分展现了其强大的逻辑思辨能力。具体而言：

假设 2、假设 3 之间呈递进关系，它们共同解决了《通鉴》有关武帝父子之间治国路线分歧的记载的可信性问题，然后与假设 1 形成并列关系，3 个假设合在一起，推翻了田余庆的成说。继而递进到假设 4，解决了司马光重构武帝晚年政治取向问题。这 4 个假设通过复杂的配合，构成了一个有机的整体。假设 5、假设 6 属附论，发挥补充正论的功能，同时又与假设 2、3、4 构成密切的递进关系，彻底解决了《通鉴》所叙相关史料可信性问题。就这 5 个假设而言，如果说假设 2、3 解决的是“知其然”的问题，假设 4、5、6 解决的则是“知其所以然”的问题。总之，这 6 个假设组成了三个系统，即假设 1、2、3 构成一个系统，假设 1、2、3、4 构成一个系统，假设 2、3、4、5、6 构成一个系统，三个系统既相对独立，又互相关联，共同服务于解决汉武帝晚年政治取向与司马光的重构问题这一总体目标。

辛德勇用其一连串的假设在秦汉史研究领域，搭建起了一座复杂而精致的学术楼阁，望去缥缈而崔嵬。然而就学术研究而言，假设只是研究工作的开端，它能否立得住，归根结底要靠实证的检验，辛德勇当然深谙此道，如其在文中引吕思勉“一语既虚，满盘是假”之语认为市村瓒次郎等人以《汉武故事》所载史料为基础所做的论述难以成立。[①] 并对此有过深入的阐释："我们借用吕思勉先生论述北魏时期'立子杀母'事件，说：'一语既虚，满盘是假。'这句话非常重要，历史研究首先强调不管用多么高妙的办法来解释历史，来评判历史，来看待历史，史实是第一重要的，如果基本史实产生错误就是'一语既虚'，在这个基础上论述的都是零，毫无疑异。"[②] 又称："立论不妨大胆，但是否符合实际，要拿出扎扎实实的证据来。"[③] 然而落到实处，值得商榷之处却甚多。对此笔者在本书中已屡有论析，兹不赘言。

需要提醒的是辛德勇的宏论中有三个关键性误判，即其认为《通鉴》有关武帝父子之间治国路线分歧的记载出自《汉武故事》，《汉武故事》作者为王俭，戾太子巫蛊诅咒汉武帝速死当属事实等，读者应予以高度重视。

因为通察这几个结论，若有一个立不起来，则其论著就不用写了。如若不能坐实《通鉴》所载的相关史料出自《汉武故事》，其接下来的讨论就无法进行了。他只能怀疑这些史料不一定可信，仅此而已。因为自《通鉴》问世以来，质疑司马光取材是否妥当者代不乏人，但没有人敢怀疑司马光会虚构史料，因为拿不出证据。而如果不能将《汉武故事》的作者归于王俭，就不能展开王俭虚构武帝父子关系的论述，自然也就不能坐实其《汉武故事》不可信的观点，因为他虽然用了一章的论述得出了"《汉武故事》所记史事初不足以凭信"的看法，但他自己也清楚，在这一章中他只是论述了该书中怪诞的内容不可信而已，对于该书中那些相对平实的内

① 辛德勇：《制造汉武帝》（增订本），生活·读书·新知三联书店 2018 年版，第 66 页。

② 辛德勇：《制造汉武帝——司马光〈资治通鉴〉构建的汉武帝晚年政治形象》，微信公众号：三联书店三联书情，2016 年 7 月 7 日，https：//mp. weixin. qq. com/s/xFuYDNTw3EVjIaNh3VX39w

③ 李肖含：《辛德勇：甘当匠人的学人》，《中华儿女》2017 年第 3 期。

容的史料价值，他其实并没有剖析。因此如果其分析到此而止，其结论就犯了以偏概全之忌，故不足以服众，必须经由王俭来推演出这部分内容属于虚构方可。而如若得不出戾太子有以巫蛊诅咒武帝事，就无法与刘劭相比附，以证成王俭虚构史事之说。

总之，辛德勇对其所提出的6个假设所做的论证，前4个旁征博引，气象宏大，然因问题甚多，皆难成立。而后2个仅属推测，看似是在论证，事实上却始终停留在假设的层面。如其论及第5个假设称："至于我的推测是否能够取信于所有读者，那是另一个问题，或者也可以说是信不信由你的事情。"论及第6个假设称："这一点也不是用实证的方法所能够获取读者认可的，信与不信，还是由你。"[①] 其实，历史学问题的解决，与读者信与不信是不甚关联的，根本的问题是能不能有确凿的材料来证实你的结论。如果确能证实的话，那就像在法庭上，即使嫌疑人再不配合，也是不影响判决的。这几个"信不信由你"，是不是恰恰证明了辛德勇先生的心虚或不自信呢?

众所周知，由于时代久远，史料阙略，历史上许多事情我们真的是无法弄清楚了，所以很多时候，面对问题，学者虽然技痒难耐，也只能适可而止。就《通鉴》所载相关史料的可信性问题而言，田余庆在《论轮台诏》发表后，又倾力探究了20年，也不过是仅得数事而已，显见要想真正把它弄清楚，几乎是不可能的，学者对此是信是疑，只能靠各自的识见了。但辛德勇却一定要把问题彻底解决，这就很让人奇怪。好在辛德勇后来不断地就此进行解释，方使人弄清了其中的缘由。

为了解释自己研究《通鉴》中所载武帝晚年史事的原因，辛德勇反复

① 辛德勇：《撰述缘起》，《制造汉武帝》（增订本），生活·读书·新知三联书店2018年版，第3—4页。

申说，其中多次提到其师黄永年的教诲，即治秦汉史绝对不能引用《通鉴》的记载做史料。

如为解释《制造汉武帝》一书撰述的原因，辛德勇2015年3月11日特撰《撰述缘起》一文，称："当年读研究生时，业师黄永年先生明确教示，《通鉴》之秦汉及其以前部分，绝不能用作一般意义的史料；了解相关史事，更不宜先于《史记》《汉书》而阅读《通鉴》。这是因为其纪事内容，完全依据《史记》《汉书》等著述编录改写，并没有我们今天看不到的可信史料作依据。"[①] 2015年5月初辛德勇在接受采访时又称："黄永年先生授课时，清楚告诫，研究秦汉史问题，绝不能引用《资治通鉴》作史料。"[②] 2017年1月21日辛德勇在《北京青年报》报社做演讲，24日写定演讲稿，复称黄永年认为"《通鉴》之秦汉部分，绝对不能用作纪事的史料"[③]。2017年5月20日其在南京工业大学所做的报告中称："到了秦和西汉时期，因为除了《史记》《汉书》和《盐铁论》等少量子书这些今人仍可看到的史料之外，基于传世文献的记载，人们实在想不出司马光还会看到什么我们今天看不到的东西。所以，一些具备完善文献学基础的学者，就清楚地指出，《通鉴》对于秦汉史研究并不具有史料价值，绝不能引用《通鉴》来做秦汉史研究。业师黄永年先生在给研究生讲授治史的入门基础时，即反复强调这一点，并且指出《通鉴》的纪事内容，系依据《史记》《汉书》等著述编录改写，并没有我们今天看不到的可信史料作

---

① 辛德勇：《撰述缘起》，《制造汉武帝》（增订本），生活·读书·新知三联书店2018年版，第1页。

② 于淑娟：《辛德勇：从尚功到守文，司马光如何构建汉武帝》，澎湃新闻，2015年5月8日，https：//www. thepaper. cn/newsDetail_ forward_ 1325381

③ 辛德勇：《〈海昏侯刘贺〉书里书外的事儿》，见《书外话》，浙江大学出版社2018年版，第146页。

依据。"[①] 2019 年 11 月 23 日，辛德勇在北京大学中国古文献研究中心举办的"2019 年中国古典文献学新生代研讨会"上的发言称："我考上研究生，一入门跟随黄永年先生读书，他就非常明确地在课堂上讲过，研究秦汉问题，是绝对不能拿《通鉴》当史料用的。这是因为司马光写《通鉴》时，看不到什么我们今天见不到的有用的史籍。"[②]

故游逸飞认为："夸张地说，若将《制造汉武帝》一书视为黄永年此说的注脚、导读，相信辛德勇也不会反对。"[③]

辛德勇为什么如此强调《通鉴》史料之不可信的原因，我们总算是弄清楚了。但让我们不解的是他为什么要专门针对田余庆的观点？实际上他对田余庆的观点评价并不高："在整个国际学术界范围内，田余庆先生所持转换说，实际上是日本学者市村瓒次郎先生早已提出的观点，并不是田先生的新发现，而这又是一个被日本的东洋史学界早已抛弃的陈旧观点。"[④] 既然如此，有没有辨析的必要是其一，而既然辨析了，为什么要专门针对田余庆而不是市村瓒次郎？

对此辛德勇的解释是："我之所以会研究汉武帝晚年政治取向问题，本来是因为在北京大学给研究生讲目录学课，在介绍编年体史书的时候，想尽可能清楚一些，讲述《资治通鉴》各个部分的史料价值。当年我读研究生的时候，在这一方面，是由黄永年先生给我启蒙的。黄永年先生授课时，清楚告诫，研究秦汉史问题，绝不能引用《资治通鉴》作史料。现在

---

① 辛德勇：《〈制造汉武帝〉的后话》，《制造汉武帝》（增订本），生活 · 读书 · 新知三联书店 2018 年版，第 171—172 页。

② 辛德勇：《我怎样看待版本目录学研究》，澎湃新闻，2019 年 11 月 23 日，https://www.thepaper.cn/newsDetail_forward_5041551

③ 游逸飞：《制造辛德勇——从〈制造汉武帝〉反思历史事实、历史书写与历史学家之间的关系》，《学灯》（第二辑），上海古籍出版社 2017 年版，第 340—341 页。

④ 辛德勇：《〈制造汉武帝〉的后话》，《制造汉武帝》（增订本），生活 · 读书 · 新知三联书店 2018 年版，第 189 页。

轮到我给学生讲授这一问题，在准备转述业师成说的时候，想到了田余庆先生《论轮台诏》一文。由于这篇文章立论的基本依据，是《资治通鉴》，而且这一做法，还得到了一些学者特别的赞赏（例如台湾的张元先生），所以，不得不花费很大精力，查阅相关记载，审视其是否合理。”①

游逸飞沿此推考，认为这是由于北京大学历史系治中古史者有重视《通鉴》的传统，研究者经常带领学生研读《通鉴》，并形成了“立足魏晋，放眼秦汉”的研究路径，“但回溯前朝的‘后见之明’未必全无弊端，受《通鉴》影响的秦汉史研究，理论上也有别于受《史记》《汉书》影响的秦汉史研究，研究者应有所自觉。辛德勇授课时面对北大历史系这些浸淫于《通鉴》读书会传统的中古史研究生，自然深感有必要将黄永年所说的史料学常识推介给学生了解。为了在北大中古史学术圈推广黄永年的观点，辛德勇自然也有必要在一定程度上挑战田余庆的学说，方能证明黄永年所说的史料学常识的有效性，这正是辛德勇撰写《制造汉武帝》一书的用心所在”②。

而考辛德勇的论述，事情似乎还不仅止于此。辛德勇在其2015 年2 月11 日所写的《田余庆先生印象》一文中，曾写了一件他与田余庆的轶事：“大约是在两年前，先生很关切地说，你这些年写了不少文章，这很好，但年纪也不小了，应该考虑选择重大问题，写一两部放得住的书。”③ 其时辛德勇已出版十余种著作，其中一些著作还颇得佳评。如《隋唐两京丛

① 于淑娟：《辛德勇：从尚功到守文，司马光如何构建汉武帝》，澎湃新闻，2015 年5 月8 日，https：//www. thepaper. cn/newsDetail_ forward_ 1325381

② 游逸飞：《制造辛德勇——从〈制造汉武帝〉反思历史事实、历史书写与历史学家之间的关系》，《学灯》（第二辑），上海古籍出版社 2017 年版，第 342 页。

③ 辛德勇：《田余庆先生印象》，见《制造汉武帝》（增订本），生活·读书·新知三联书店 2018 年版，第 197 页。

考》一书被称为是“一本超越《唐两京城坊考》的佳作”[1]，该书在1995年还荣获中国社会科学院第二届青年优秀成果一等奖；《古代交通与地理文献研究》一书被认为“体现出他严谨的治学风格和深厚的历史文献功底”[2]；《秦汉政区与边界地理研究》一书被认为“考释精严，超越前贤”[3]。辛德勇为学即已如此，而田余庆却这样说，辛德勇会作何想呢？

实际上辛德勇走的是黄永年的治学路径，即重在对具体问题的阐释而非著书立说建立史学体系。如黄永年称其自治学以来，“除了出版过几本讲义外没有敢写专著。因为专著必须对某个对期或某个领域作全而且深入的研究后方可动笔，我至今像无此才能。”然其论文集起名为《树新义室笔谈》，据其自言，“树新义”之名取自陈寅恪为陈垣《明季滇黔佛教考》写的序文“幸俱未树新义，以负如来”，意在说收在其论文集中的文章，“都有些新东西，或本为人家未曾讲到，或人家讲得不对，我来加以纠正”[4]，显然并不以写专著为能事。所以田余庆这样说辛德勇，岂不是对黄永年的学问也颇有微词？事实上，田余庆对黄永年与陈寅恪立异同的行为就颇不以为然。2008年5月底，曹旅宁赴大同参加学术会议见到田余庆，交谈中，田余庆说：“黄先生已经过世，黄先生与陈先生立异同，没必要，这话我当面也对黄先生说过，跳不出如来佛的手掌心，动摇不了陈先生的系统。”[5]

对于田余庆的劝告，辛德勇的回应是：“先生的关切，让我十分感动，

---

① 黄永年：《一本超越〈唐两京城坊考〉的佳作——推荐辛德勇博士的〈隋唐两京丛考〉》，见《学苑零拾》，华东师范大学出版社2001年版，第157页。

② 《辛德勇教授》，《中国社会科学院研究生院学报》2003年第4期。

③ 朱士光：《考释精严　超越前贤——评辛德勇教授的〈秦汉政区与边界地理研究〉》，《光明日报》2010年7月14日第7版。

④ 黄永年：《自序》，见《树新义室笔谈》，上海书店出版社2000年版，第1—2页。按：“对期”当为“时期”。

⑤ 曹旅宁：《我所认识的田余庆先生》，《南方都市报》2016年11月7日第GB06版。

也深知先生所指示的正是大学者应该走的路径。只是我天资驽钝，而且生性顽劣，读书做学问，不过满足好奇心而已，从来没有什么抱负。我们七七级上学时校园中有一句流行语：‘不想当将军的士兵绝不是好士兵。’把它套用到学者身上，就是‘不想当大师的学者绝不是好学者’。如果说我在年轻时对自己也曾有所期望的话，那么，能做一个不太蹩脚的匠人也就心满意足了。”①

2017 年初辛德勇在接受采访时又称：“我学术基础很差，懂的东西很少，欠缺很多基本知识，所以，并没有什么宏大的追求，只是想纯正地做人，真诚地对待学术。很多人追求建立自己的学术体系，我却研究具体的问题，甘于平凡。我把自己定位为一个匠人，尽量做得好一点，不太蹩脚就行。对于我来说，学术研究是一个学习的过程，对与错，要交给学术史。至于学者是不是要追求开宗立派，我认为，这要看时代的条件是否足以让你开宗立派，还有你是否真的有那个能力和够那个分量去开宗立派。否则，硬是要建立某种体系，如同揪着自己的头发想要升天，实际恐怕很难做到。”②

或许是因为以上种种原因，使辛德勇一定要论证出《通鉴》所载武帝晚年不明出处的史料是不可信的，以此颠覆田余庆的观点，同时使黄永年的主张得以彰显。

总之，辛德勇虽然认为“历史学也是一门科学”，自己所从事的是“科学研究”③，但由于没有处理好“探求历史的真相”与“借此证实黄永

---

① 辛德勇：《田余庆先生印象》，见《制造汉武帝》（增订本），生活 · 读书 · 新知三联书店 2018 年版，第 197 页。

② 李肖含：《辛德勇：甘当匠人的学人》，《中华儿女》2017 年第 3 期。

③ 辛德勇：《〈制造汉武帝〉的后话》，见《制造汉武帝》（增订本），生活 · 读书 · 新知三联书店 2018 年版，第 191 页。

年所说的史料学常识”之间的“张力”[①]，落到实处遂悖离科学精神，怀着成见、带着感情来研究历史，则其结论无法成为定论也就是很自然的事了。

最后想说的是，虽然辛德勇反复申说黄永年的观点，近乎斩钉截铁，以显示这确实是黄永年的看法，但以笔者浅见，觉得像黄永年这样的大学问家不该把《通鉴》对秦汉史研究的价值说得那么绝对。

而查阅其与贾宪保合著的《唐史史料学》，在论及《通鉴》的史料价值时曾称：“在司马光时隋以前的较原始史料如起居注之类多已失传，所以此书隋纪以上只能以纪传史即正史为主，这部分只是编写得好，从史料上讲并无特殊的价值，一般作研究工作的应该引用正史，此书只在去取正史、以及对正史记载分歧的考订上有参考价值。”[②] 此说显然过于绝对，因为《通鉴》所载武帝晚年与巫蛊之祸相关的史料即不见于正史记载。而据黄永年称该书初稿是1979年撰成的，前后花了不到20天时间，总字数10万字左右，显然属急就章。后虽欲重写，也只是完成了纪传类部分的撰述。1986年被“古委会”列为重点项目，因请贾宪保代他充实纪传类以下的篇幅，1989年由陕西师范大学出版社出版，共22.2万字。2002年该书又由上海书店出版社出版了修订本，在《自序》中黄永年称1989年该书印成后，自已就不甚满意，“这主要是对贾宪保讲师代我充实的部分”，因为贾宪保的“思路以至行文习惯总不能和我完全相同”。于是在修订过程中，“思路行文和我不合拍处，我就径行修改，多事润色”[③]。具体到上面所引的这段文字，黄永年修订本改了一个字，即将“从史料上讲并无特

① 游逸飞：《制造辛德勇——从〈制造汉武帝〉反思历史事实、历史书写与历史学家之间的关系》，《学灯》（第二辑），上海古籍出版社2017年版，第347页。

② 黄永年、贾宪保：《唐史史料学》，陕西师范大学出版社1989年版，第54页。

③ 黄永年：《自序》，见《唐史史料学》，上海书店出版社2002年版，第5页。

殊的价值”中的“并”改成了“多”字[1]。然评价仍显稍过。因为《通鉴》对史事的辨析不仅体现在其对一些史料所作的专门考订中，而且还体现在该书的叙事之中，只是没出考异文字而已。

后来黄永年先后又出版了《古文献学四讲》《史部要籍概述》等两部完整体现其学术思想的著作。论及《通鉴》的史料价值，在前一种著作中，黄永年说：“从史料角度来讲，这《通鉴》在隋以前由于文献缺乏，主要依据《史记》《汉书》直至《隋书》《南北史》等纪传史来撰写，所以研究者一般得引用这些纪传史而不宜用《通鉴》。”[2] 在后一种著作中则通过征引柴德赓的论述而体现其对《通鉴》的看法。如柴德赓称“从《通鉴》全书来考查，史料多少，亦不平衡。从战国至三国一段，大致用《战国策》、前四史、荀悦《汉纪》、袁宏《后汉纪》之类”。又从《通鉴》中战国至三国、晋至隋、唐五代等三个时期的卷数分析，指出从卷数看，“《通鉴》的史料是后多于前；当然，论史料价值，也是后胜于前”[3]。像这样的论述都被黄永年所转引，并称柴德赓“讲得很好”[4]。

窃以为，若论黄永年对《通鉴》的评价，当以后两种著作为准。但纵使是1989年出版的《唐史史料学》，也看不出黄永年有“绝不能引用《通鉴》来做秦汉史研究”的意思。

就《通鉴》秦汉史部分的史料价值而言，对《通鉴》有专深研究的陈垣的看法颇值得借鉴。据牟润孙回忆，陈垣教学生做研究工作，最重求史源，“如果研究唐以前的历史，学生引了《资治通鉴》，他一定要问为什么不引正史，是否只见于《资治通鉴》而正史中没有？……即使研究唐

---

① 黄永年：《唐史史料学》，上海书店出版社2002年版，第56页。

② 黄永年：《目录学》，见《古文献学四讲》，鹭江出版社2003年版，第55页。

③ 柴德赓：《史籍举要》，北京出版社1982年版，第167—168页。

④ 黄永年：《史部要籍概述》，江苏教育出版社2008年版，第58页。

史，引《通鉴》而不检寻两《唐书》及别的书，又不说明那段材料确不见于两《唐书》、《唐会要》、《唐大诏令》、《册府元龟》等书，也不能通过”[①]。据此可知学生研治唐以前的历史，若用了只见于《通鉴》而正史中没有的资料，是可以通过陈垣的审核的，亦即陈垣对这类史料的价值是持肯定态度的。

治中古史的高敏的看法也值得重视。因为高敏不仅研究《通鉴》秦汉史部分的史料价值，而且还用其来阐释史事，故于其微妙之处的把握可能更为准确。而高敏的看法是该书的史料，“多来源于它成书前的十七史，其原始性不如正史，而史料的运用以原始性强者为优，故一般不宜引用，只有《资治通鉴》超出正史的史料可以引用”。又说“特别应当指出的是，《资治通鉴》的史料，也有超出正史的部分。一般说来，先秦、秦汉时期超出正史者不甚多；魏晋南北朝时期，超出正史者有所增加；隋唐和五代时期，超出正史者为数不少。它的超出正史的史料，多来源于北宋时尚能看到的上述各时期的私家著述，而这些书籍今天多已荡然无存。因此，《资治通鉴》超出正史的这部分史料，就成了具有宝贵价值的原始材料，可以用之于补诸正史之缺漏”[②]。

综上，辛德勇的假设虽可谓大胆，但在史事考订、阐释等方面却未能真正做到小心。而若深究的话，问题却不是在其考证本身，而应当是出在他所做的一切，都是为了验证其师的观点，弘扬其师的学术。然而黄永年关于《通鉴》在秦汉史研究中的作用的看法，似乎并非如辛德勇所言。若笔者所推属实，则辛德勇看似是在弘扬其师的学术，其实是在利用其师为

---

① 牟润孙：《励耘书屋问学回忆——陈援庵先生诞生百年纪念感言》，见《励耘书屋问学记：史学家陈垣的治学》，生活·读书·新知三联书店 1982 年版，第 86 页。

② 高敏：《治学琐谈》，见《秦汉魏晋南北朝史论考》，中国社会科学出版社 2004 年版，第 340—343 页。

其主张张目而已。若如此，则更不可取。学者从事学术研究，无论出于什么目的，在伸张自己主张的过程中，都必须无条件接受学术规范的严厉约束，因为学术是天下之公器，而非私人之禁脔，没人可以为所欲为。

学术研究一般要经过提出问题→学术史回顾→史事论析等三个环节，在第一环节，强调通过“读书得间”提出问题；在第二个环节，强调充分了解研究状况，找到坚实的研究起点；在第三个环节，强调既要敢于突破成见，大胆假设，又要小心求证，谨慎对待。这些应该都是治学的常识，但通过对辛德勇的宏论的剖析可知，要想真正把这些常识贯彻到具体的学术实践中，并非易事。

第二章 《资治通鉴》相关史料史源考辨

辛德勇为证《资治通鉴》所采录的关于汉武帝与戾太子纷争的史料不可信，其书特以“刘宋时期另一场‘巫蛊之变’与王俭塑造的戾太子形象”为题[①]，对相关文字进行了深入分析，认为这段文字出自南朝人王俭所杜撰的《汉武故事》。其说得到了颇多学者的认同，如李开元论及田余庆对相关史料的看法称：“《通鉴》叙巫蛊之乱，使用了《史记》《汉书》以外的史料，先生查不到出处，信其有而有所不安。最近，有学者考证这些史料可能出于《汉武故事》，先生的不安庶几可以尘埃落定。”[②] 成祖明称自己“非常认同此点”[③]。杨勇称其论：“环环相扣论证严密，读之令人击节称叹。”[④] 但事实并不支持辛德勇的观点。

---

① 辛德勇：《制造汉武帝》（增订本），生活·读书·新知三联书店2018年版，第96页。

② 李开元：《怀念恩师田余庆先生》，《21世纪经济报道》2015年1月5日第24版。

③ 成祖明：《内部秩序与外部战略：论〈轮台诏〉与汉帝国政策的转向》，《清华大学学报（哲学社会科学版）》2016年第2期。

④ 杨勇：《再论汉武帝晚年政治取向——一种政治史与思想史的联合考察》，《清华大学学报（哲学社会科学版）》2016年第2期。

一、《汉武故事》作者辨析

《汉武故事》，又名《汉武帝故事》，该书作为成书于汉魏六朝时期的文献，《隋书·经籍志》《日本国见在书目录》《旧唐书·经籍志》《新唐书·艺文志》均有著录，然皆不著撰者名，而《三辅黄图》称是班固①，初唐人张柬之称是王俭②，宋人刘弇称是班周③。由于该书的作者存疑，故自古以来考辨者甚众。其中班固说、班周说已被证伪，并被学界普遍接受。与此同时，学者或持其他旧说，或另出新说，始终难以形成定论。

因《汉武故事》云："长陵徐氏号仪君，善传朔术，至今上元延中已百三十七岁矣，视之如童女。"④ 而元延为汉成帝年号，故宋人刘弇，清人黄廷鉴、俞樾，今人李剑国等认为是成帝时人或成哀时人作。⑤ 然胡玉缙认为："书本伪托，则所称今上元延亦奚足据。"⑥ 但李剑国认为"然伪托者既造'今上元延'之语，又假名班固，固在成帝之后，岂非自漏马脚?⑦"可是唐以前文献除《三辅黄图》称《汉武故事》作者为班固外，其他传世文献皆未言及撰者。并且，据陈直考证，《三辅黄图》有原本、今本之异，"原书应成于东汉末曹魏初期"，该书久经散佚，今本《三辅黄

---

① 陈直：《三辅黄图校证》卷五《飞廉观》，陕西人民出版社1980年版，第126页。

② 晁载之：《续谈助》卷一《洞冥记跋》，丛书集成初编本，第16页。

③ 刘弇：《龙云集》卷二九《书〈汉武帝故事〉后》，见文渊阁《四库全书》本，第310页。

④ 陆辑编：《说纂·甲集》卷一《汉武故事》，《古今说海》，集成图书公司1909年版，第5页。

⑤ 参见刘弇：《龙云集》卷二九《书〈汉武帝故事〉后》，文渊阁《四库全书》本，第310页；黄廷鉴：《第六弦溪文钞》卷三《重辑〈汉武故事〉又跋》，丛书集成初编本，中华书局1985年版，第56—57页；俞樾撰，徐明、文青校点：《春在堂随笔》卷四，辽宁教育出版社2001年版，第49页；李剑国：《唐前志怪小说史》，南开大学出版社1984年版，第172—179页。

⑥ 胡玉缙撰，王欣夫辑：《四库全书总目提要补正》卷四二《小说家类二》，上海书店1998年版，第1128页。

⑦ 李剑国：《唐前志怪小说史》，南开大学出版社1984年版，第174页。

图》是中唐时期人用颜师古《汉书》注所引原本文字为基础增补而成，“原书之成分存在者已属不多”[①]。故李剑国以该书作者题名班固驳胡玉缙并不具说服力，不过胡玉缙虽认为该书是伪托之作，却没有确凿的证据，故其说也只能是推测之辞。王守亮为证这段文字不能作为该书为成帝时人作的证据，又指出：“从文献的角度看，检阅《史记》等唐前古籍，其行文述及古人，作者并不避以‘今王’等称谓称之。”[②] 但这只能说该书可能非成帝时人所作而已。辛德勇认为关于仪君的这条史料可能是从托名成帝时人刘向所著的《列仙传》中摘出，因为东晋南朝道教中人引重该书中的记载，“故《汉武故事》中有关仪君的内容，更有可能是从《列仙传》中移录而来。唯《列仙传》传世之本已多有后人删削，迥非唐以前旧貌，今已难以比勘核实”[③]。可见这也仅是推测而已。

因《汉武故事》云：“汉成帝为赵飞燕造服汤殿，绿琉璃为户。”[④] 又云：“平帝时，哀帝庙衣自在押外。”[⑤] 反对成帝时人所作说者多以此来支撑自己的观点。对此，由于《中兴馆阁书目》云该书“杂记武帝旧事及神怪之说，末略载宣帝事”[⑥]。李剑国遂认为这意味着该书“记事下限在宣帝时”。并且传世本《汉武故事》及《续谈助》节录该书文字均无此二事，因此在李剑国看来，《汉武故事》中有这两条史料，“不是《御览》、《草堂诗笺》引书有误，就是所据之本经过了后人妄增”[⑦]。然此说太武断。陈

---

① 陈直：《三辅黄图校证序言》，见《三辅黄图校证》，陕西人民出版社 1980 年版，第 1 页。
② 王守亮：《〈汉武故事〉作者与成书时代辨析》，《山东师范大学学报》2008 年第 5 期。
③ 辛德勇：《制造汉武帝》（增订本），生活·读书·新知三联书店 2018 年版，第 99 页。
④ 李昉编纂，孙雍长、熊毓兰校点：《太平御览》（第 7 卷）卷八百八《珍宝部七》，河北教育出版社 1994 年版，第 525 页。
⑤ 杜甫撰，蔡梦弼注：《杜工部草堂诗笺》卷一一《行次昭陵》，见《续修四库全书》第 1307 册，第 93 页。
⑥ 王应麟撰，武秀成、赵庶洋校证：《玉海艺文校证》（中）卷一七《典故·汉武帝故事》，凤凰出版社 2013 年版，第 803 页。
⑦ 李剑国：《唐前志怪小说史》（修订本），天津教育出版社 2005 年版，第 182 页。

骙等的《中兴馆阁书目》编成于南宋淳熙五年，远在《御览》成书之后，故若李昉等当年曾见到《汉武故事》全本也是有可能的。并且《汉武故事》本二卷，传世本仅存一卷，《续谈助》中的文字又属节录，亦即皆非全本，所以并不能因为它们没有这方面的内容，就可断定原本也没有。

总之，无论是秉持或是反对成帝时人说者，都无法拿出确凿的证据以支撑自己的观点。

因《汉武故事》有武帝谶言："汉有六七之厄，法应再受命。宗室子孙谁当应此者，六七四十二代汉者，当涂高也。"[①] 有学者认为此书当为曹魏时人所作。关于"六七之厄"，徐震堮认为："从汉高祖元年到曹丕篡位，四百二十五年，六七之厄，或者指这一点。'再受命'是指中间经过王莽篡夺，光武中兴。"[②] 刘文忠细加推考，进而指出此谶言当源于宣帝时路温舒的"三七之厄"说。汉自立国至平帝崩，历时 210 年，王莽继而篡汉。此为应验。及至东汉末年，别有用心者为了篡夺东汉的政权，遂再造"三七之厄"之谶言，合之即为"六七之厄"，而考其出现的时日，当不早于给东汉政权带来极大灾难的黄巾起义的年代。[③] 关于"当涂高"，徐震堮认为："当途高，指魏。'魏'字的意义是阙门（宫门），阙门是当着大路，很高的。从这几句话可以看出这篇文章是魏、晋以后人写的。"[④] 刘文忠认为这是意在为曹氏代汉造势，故该书当产生于建安末年曹丕称帝前，而非曹魏建立后，"小说的作者，可能是亲曹派的文人"，意在以此迷惑人心。因为若在曹魏代汉后，由于该谶言的使命已经完成，"这时新的谶语还会添加，或者为曹氏制造永保基业的谶语，或者制造司马氏当得天下的

① 李昉编纂，夏剑钦、王巽斋校点：《太平御览》（第 1 卷）卷八八《皇王部十三》，河北教育出版社 1994 年版，第 772 页。

② 徐震堮选注：《汉武故事》，见《汉魏六朝小说选》，古典文学出版社 1955 年版，第 24 页。

③ 刘文忠：《〈汉武故事〉写作时代新考》，《中华文史论丛》1984 年第 2 期。

④ 徐震堮选注：《汉武故事》，见《汉魏六朝小说选》，古典文学出版社 1955 年版，第 24 页。

谶语”。但《汉武故事》并无这方面的内容。[①] 虽然徐震堮、刘文忠皆言之凿凿，但据《后汉书·公孙述列传》，光武帝与公孙述书称引谶语，即有“代汉者当涂高”之说。据《后汉书·袁术列传》，袁术少时也曾见谶书云：“代汉者当涂高。”是知此谶言出现甚早，并非专为曹氏而作。但好事者将“六七之厄”之谶语与此相连缀，以为曹魏代汉张目却是有可能的。然而考该书的内容，实是与汉武帝有关的各种资料的汇编，并没有鲜明的主题，而《隋书·经籍志》于史部设旧事篇云：“晋初，甲令已下，至九百余卷，晋武帝命车骑将军贾充，博引群儒，删采其要，增律十篇。其余不足经远者为法令，施行制度者为令，品式章程者为故事，各还其官府。搢绅之士，撰而录之，遂成篇卷，然亦随代遗失。今据其见存，谓之旧事篇。”并将《汉武帝故事》列于诸书之首，显见是认为该书为西晋初年的文献。

检讨传世文献，《汉武故事》一书始见于东晋。据葛洪《西京杂记跋》称：“洪家复有《汉武帝禁中起居注》一卷，《汉武故事》二卷，世人希有之者。今并五卷为一帙，庶免沦没焉。”[②] 有学者据此怀疑《汉武故事》为葛洪所作，但由于葛洪并没有称该书为自己所作，因此这种说法并不可靠。

北宋人晁载之《洞冥记跋》引初唐人张柬之语云：“王俭造《汉武故事》。”[③] 此说影响颇大，如胡应麟称“诸家咸以王俭造”《汉武故事》云云。[④] 辛德勇亦持王俭说，并以学者是否引述《汉武故事》为佐证：“今检刘宋裴骃《史记集解》与唐人颜师古《汉书注》，可见所引六朝以前古

① 刘文忠：《〈汉武故事〉写作时代新考》，《中华文史论丛》1984 年第 2 期。

② 葛洪：《西京杂记跋》，见《西京杂记》，中华书局 1985 年版，第 45 页。

③ 晁载之：《续谈助》卷一《洞冥记跋》，丛书集成初编本，第 16 页。

④ 胡应麟：《少室山房笔丛》丙部卷二九《九流绪论下》，中华书局 1958 年版，第 377 页。

注都没有引述《汉武故事》，而南朝梁刘孝标《世说新语注》以及与之约略同时之北魏郦道元《水经注》等始见征引此书，适与王俭的时代相接续。”① 由于晋惠帝元康二年，潘岳作《西征赋》，文中曾用到载于《汉武故事》的典故：“李善注《文选》，《西征赋》引《汉武故事》二条，其一为柏谷亭事……其一为卫子夫事。”② 辛德勇的看法似乎值得商榷。但在辛德勇看来，这并不能成为《汉武故事》早已成书的理由：“今案唐朝人李善笺注《文选》，最早引述《汉武故事》来笺释《西征赋》上述文句，但这并不意味着潘岳写作此赋时就一定是借用《汉武故事》的记述。因同类故事流传于世，固非一定仅仅见载于《汉武故事》一书，这一时期散佚的古书还有很多，而且我们可以明确看到，《汉武故事》中有的内容，是有早于王俭时代很多的渊源。”③ 其说虽颇有道理，但也并不能因此就得出潘岳一定没有借用《汉武故事》的记述的结论。

所以辛德勇又引余嘉锡的观点以为佐证：“余嘉锡以为张柬之所说‘自必别有据依，断非凭虚立说。……至宋以后传本之题班固，则浅人所为，非其旧也’，即以王俭为该书作者。”④ 为了强化余嘉锡此语的权威性，辛德勇特对余嘉锡的学术水平进行评析：“在目录学研究方面，余嘉锡是一位空前绝后的大师。这是一位真正的大师，不像现在那些硬靠学生吹捧出来的假货。至少在我有生之年，以及根据目前世界学术界的状况来做推论，是没有什么人能够超越他的研究水平的。他有宽厚而又坚实的基础，有通观的眼光，这都是其他学者很难具备的素养和能力。我想，要是有什

---

① 辛德勇：《制造汉武帝》（增订本），生活·读书·新知三联书店 2018 年版，第 97 页。

② 永瑢等：《四库全书总目》卷一四二《子部·小说家类三》，“汉武故事”条，中华书局 1965 年版，第 1206 页。

③ 辛德勇：《〈制造汉武帝〉的后话》，见《制造汉武帝》（增订本），生活·读书·新知三联书店 2018 年版，第 181—182 页。

④ 辛德勇：《制造汉武帝》（增订本），生活·读书·新知三联书店 2018 年版，第 97 页。

么人真的关心这一问题，想了解其中的原委，最好还是先仔细读一读余嘉锡先生的论述再来发表意见为好。”为了表示自己并不盲从，又称：“我想稍加说明的是，虽然我非常敬重余嘉锡先生的学术造诣，但从未把他当作神来看待。水平再高，他也是人，而在学术研究中，是人就会犯错误；况且水平高的学者一旦出错，性质往往还会更加严重。所以，我并不是盲目采信余嘉锡先生的观点，自己是做过相应的审辨的。”① 不过，虽然辛德勇言之凿凿，并且余嘉锡也确实说过《汉武故事》为王俭所撰：“《旧书》吕才本传载其《禄命篇》所言汉武帝年月日时，系引《汉武故事》，其书为齐王俭所撰。”② 但余嘉锡在对《汉武故事》一书进行具体辨析时，对该书作者所作的推断是：“疑葛洪别有《汉武故事》，其后日久散佚，王俭更作此以补之。书名虽同，而撰者非一人，不必牵合为一。”③

日本学者盐谷温论及《汉武故事》，认为该书大概成于“六朝词人之笔”④。辛德勇对此表示赞同，并认为王俭作为六朝时人，撰述这样的文字并不奇怪：“通览存世内容，知其所记无非道术信仰者以房中等法术修炼长生的行事，诚荒诞无稽之谈，而这正是东晋南朝时期以葛洪为代表的道家神仙学说盛行于世的产物，初不足怪。”⑤ 但是王俭并非道家中人，其自幼便宗奉儒学，如《南史 · 王俭传》称“俭弱年便留意《三礼》，尤善《春秋》，发言吐论，造次必于儒教”，成年后为时儒宗，一生汲汲于俗世的功名利禄，“俭寡嗜欲，唯以经国为务，车服尘素，家无遗财。手笔典裁，为当时所重。少便有宰臣之志，赋诗云：‘稷契匡虞夏，伊吕翼商

① 辛德勇：《〈制造汉武帝〉的后话》，见《制造汉武帝》（增订本），生活 · 读书 · 新知三联书店 2018 年版，第 179—180 页。

② 余嘉锡：《四库提要辨证》卷一三《子部四》，中华书局 2007 年版，第 765 页。

③ 余嘉锡：《四库提要辨证》卷一八《子部九》，中华书局 2007 年版，第 1130 页。

④ ［日］盐谷温著，孙俍工译：《中国文学概论讲话》，开明书店 1931 年版，第 331 页。

⑤ 辛德勇：《制造汉武帝》（增订本），生活 · 读书 · 新知三联书店 2018 年版，第 100 页。

周。'及生子，字曰玄成，取仍世作相之义"。且仕途显达，因此很难想象其会有兴趣去撰述这些神异荒诞之事。故胡应麟指出诸家咸以王俭造《汉武故事》，但他自己却不敢采信，仅是称"是六朝人作也"[①]。姚振宗则疑非王俭所撰："按此书为葛稚川家所传，而诸家著录皆不考其所始。六朝人每喜钞合古书，而王俭有《古今集记》。疑俭钞入《集记》中，故张柬之以为王俭造。殆亦不探其本意为之说欤！"[②] 李剑国则认为关于《古今集记》，"《南史》《南齐书》本传作《古今丧服集记》，《隋书·经籍志》礼类著录王俭《丧服古今集记》三卷，《旧唐书·经籍志》、《新唐书·艺文志》同。观书名，当取关于丧服之记载，似不应取《汉武故事》"[③]。不过，王俭尚博学，喜搜求异闻。如据《南齐书·陆澄传》，王俭任尚书令时，曾在尚书省"出巾箱几案杂服饰，令学士隶事，事多者与之，人人各得一两物，澄后来，更出诸人所不知事复各数条，并夺物将去"。故若王俭利用搜求到的资料对《汉武故事》有所增补，也是有可能的。

总之，就《汉武故事》的作者而言，结合传世文献，综括诸家之说，可知无论哪一种说法都有一定的道理，但也都存在着无法推翻的反证。不过，该书的著者虽无法考定，但可以肯定的是该书成书时间当不晚于东晋，而如果要给出一个确切的时间的话，可能在西晋初年。故就王俭而言，其纵使对该书的编纂有所贡献，也不能归为其一人所独撰。

二、《汉武故事》颇多叙事渊源有自

因《汉武故事》颇述神怪之事，辛德勇遂斥其"充满怪诞传说，绝非

---

① 胡应麟：《少室山房笔丛》丙部卷二九《九流绪论下》，中华书局1958年版，第377页。

② 姚振宗：《隋书经籍志考证》，《二十五史补编》（第四册），开明书店1937年版，第265页。

③ 李剑国：《唐前志怪小说史》（修订本），天津教育出版社2005年版，第180页。

信史”。认为“此书本属驾神托仙的小说故事，内容怪异离奇，实在不宜当作纪事的史料来使用”①。并以四库馆臣所言“《隋志》载《汉武故事》，滥及稗官……循名误列，义例殊乖”语支持自己的看法。② 而其相对平实的叙述，辛德勇又认为是出自王俭的伪造，故断言该书“纯属虚构故事”③，以此来论证《通鉴》采录《汉武故事》史事重构汉武帝晚年政治取向之误。李浩欲驳辛德勇之非，却无力全面推翻辛德勇的观点，遂声称：“司马光《资治通鉴》全不取《汉武故事》之叙事。”论据是《通鉴考异》曾对《汉武故事》中的四件史事进行驳斥。《通鉴》在正面意义上使用《汉武故事》仅两处，且是以《汉武故事》证无关历史叙事之宏旨的名物，而“对它的叙事绝不采录”④。然而，征诸史实，《通鉴》颇有叙事与《汉武故事》所载文字相合者。即如汉武帝征和四年罪己事，就见于《汉武故事》。故其发语虽甚刚健，却不具说服力。

不过，虽然辛德勇言之凿凿，若细加推考，其实他并没有真正做到自圆其说。如据《通鉴》卷二二载，当石德建议抓捕江充时，戾太子初并未同意：“吾人子，安得擅诛！不如归谢，幸得无罪。”后因江充持太子甚急，“太子计不知所出，遂从石德计”。易佩绅遂批评石德此举“悖逆”云云。⑤ 申涵煜亦称“戾太子之死，不死于江充而死于石德”云云。⑥ 辛德勇为证石德非“宽厚长者”，特引此二人之语，并评析道：“作为寻常官吏来说，像这样评议或许还稍嫌过苛，不过，要是以‘宽厚长者’的标准来

① 辛德勇：《制造汉武帝》（增订本），生活·读书·新知三联书店 2018 年版，第 42—44 页。
② 永瑢等撰：《四库全书总目》卷八一《史部·政书类》序录，中华书局 1965 年版，第 693 页。
③ 辛德勇：《制造汉武帝》（增订本），生活·读书·新知三联书店 2018 年版，第 88 页。
④ 李浩：《“司马光重构汉武帝晚年政治取向”说献疑——与辛德勇先生商榷》，《中南大学学报（社会科学版）》2015 年第 6 期。
⑤ 易佩绅：《通鉴触绪》卷八，清光绪刻本。
⑥ 申涵煜：《通鉴评语》卷一“石德”条，中华书局 1991 年版，第 24 页。

判断，易佩绅和申涵煜两人对他的要求，恐怕也是合情合理的事情。”[①] 这显然是认可了《通鉴》的说法。

只是由于辛德勇认为《通鉴》所载戾太子欲自往甘泉之语出自《汉武故事》，而该书在其看来是王俭虚构而成，故易佩绅、申涵煜以此发论，在辛德勇所建构的语境中是不具说服力的。辛德勇后来发现了这一纰漏，因此在出版《制造汉武帝》一书时，特在所作阐发之后附了一段话予以补救：“尽管所谓太子欲自往甘泉申说事亦当出自《汉武故事》，不尽可信，但石德怂恿太子起兵，自属‘教其悖逆’，绝非‘良师傅’所宜为者。”[②] 细考其说，所谓“不尽可信”，当是意为戾太子欲自往甘泉之说虽说不上全部可信，但有一定的可信性。这显然仍与其认为《汉武故事》纯属虚构的看法相矛盾。

辛德勇引四库馆臣之语以证己说，也是值得商榷的，因为这应属后人的看法，而研讨史事，为避免曲解古人，忌以后释前。民国时期，陈寅恪就指出当时治哲学者普遍存在以今释古的现象，他们“有意无意之间，往往依其自身所遭际之时代，所居处之环境，所熏染之学说，以推测解释古人之意志”。其结果是“其言论愈有条理统系，则去古人学说之真相愈远”[③]。

汉魏六朝时期，受天人感应及佛、道思想影响，人们普遍相信鬼神的存在。故所谓的“咎征”，在史家看来，也是实际出现过的事情，如《汉书·叙传》云其“告往知来，王事之表”，《后汉书志·五行志》称“妖岂或妄，气炎以观”，因此都是可以载入书册的。故《汉书》《后汉书》

① 辛德勇：《汉武帝晚年政治取向与司马光的重构》，《清华大学学报（哲学社会科学版）》2014年第6期。

② 辛德勇：《制造汉武帝》，生活·读书·新知三联书店2015年版，第69页。

③ 陈寅恪：《冯友兰〈中国哲学史〉上册审查报告》，见《陈寅恪史学论文选集》，上海古籍出版社1992年版，第507页。

等正史即多有神怪记述："《汉书》多载阴阳灾异说，《后汉书》宣扬谶纬神学。"受他们的影响，"汉隋之际的纪传史书，凡有志者，都必有《五行志》，有的更名为《瑞应志》、《符瑞志》。其他篇章中，也充斥了鬼神怪异"的记述[①]。同时，由于佛、道盛行，自东汉董卓乱起至隋平陈，四百年间，"许多史家受其影响，贪奇好怪，往往把神灵怪异，世俗传说，同真正的史事搅在一起"[②]。可以说汉魏六朝时期学者在叙事过程中掺杂入神怪内容属正常现象，人们并不以为怪。

隋唐至北宋中期，虽然天人相分说呈现出发展的趋势，但天人感应说依然是时人认识世界的基本学说，神怪入史在当时人看来仍属正常现象，如刘知幾也只是排斥"那些不能自圆其说的牵强附会自相抵牾的迷信说法"而已[③]，"于采取小说杂书者，亦仅斥其不可信者而已，非谓概不当采也"[④]，故《隋书·经籍志》在总结前代学术成果时，将杂有神怪内容的著作纷纷纳入史部。同时还将序鬼物奇怪之事的专书归入史部的"杂传"，因为在著者看来这些著作"推其本源，盖亦史官之末事也"。

北宋中期以降，随着理学的兴起，阴阳谶纬之学受到学者激烈的批判，司马光得风气之先，亦预此流，但同时他也屡称天命。故在编纂《通鉴》的过程中，论及妖异符瑞史料，他曾对刘恕说："其符瑞等皆无用，可删。"[⑤] 似乎必欲悉数删之而后快。然而他在与范祖禹讨论修《通鉴》的原则时却称："妖异止于怪诞，诙谐止于取笑之类，便请直删不妨。"若相关史料符合其撰述目的，则是可以保留的："凡国家灾异，本纪所书者

① 尹达：《中国史学发展史》，中州古籍出版社1985年版，第107—108页。
② 尹达：《中国史学发展史》，中州古籍出版社1985年版，第124页。
③ 李秋沅：《〈史通〉的求实精神》，《史学史研究》1988年第2期。按："园"当为"圆"。
④ 吕思勉：《史通评》，见《史学四种》，上海人民出版社1981年版，第116页。
⑤ 李之亮笺注：《司马温公集编年笺注》（5）卷六二《与刘道原书》，巴蜀书社2009年版，第79页。

并存之，其本志强附时事者不须也。谶记如李淳风言武氏之类，及因而致杀戮叛乱者并存之，其妄有牵合，如木入斗为朱字之类，不须也。相貌符瑞，或因此为人所忌，或为人所附，或人主好之而谄者伪造，或实有而可信者，并存之，其余不须也。妖怪，或有所儆戒，如鬼书武三思门；或因而生事，如杨慎矜墓流血之类，并存之，其余不须也。”[①] 所以《通鉴》中亦载有神怪之事。

就《汉武故事》而言，《隋书》入史部旧事类，《新唐书》和《旧唐书》入史部故事类。王尧臣等编纂《崇文总目》将其排在杂史类。颜师古、李贤、张守节、司马贞等引之以注史。唐代官员还曾用其论政，如《旧唐书·吕才传》载唐太宗时吕才论禄命云：“又《汉武故事》，武帝以乙酉之岁七月七日平旦时生。”亦即自隋唐以至于宋，该书始终被学者视为史部之书。当然《汉武故事》中颇有鬼怪故事，或如辛德勇所言不当置于旧事、故事类，但无论怎样归类，至少隋唐至北宋的学者不会将其挪出史部。

司马光确实说过《汉武故事》“语多诞妄”的话，这殊为令辛德勇困惑：“那么，在明知《汉武故事》一书存在严重问题的情况下，司马光为什么还偏偏要采录这些‘诞妄’的记载呢?”[②] 其实司马光在《答范梦得》中又云“其实录、正史未必皆可据，杂史、小说未必皆无凭，在高鉴择之”。亦即他并不排斥《汉武故事》中那些他认为有价值的史料。

当然辛德勇并不赞成这种看法。如赵翼曾称当他研读历代史书时，“间有稗乘脞说与正史歧互者，又不敢遽诧为得间之奇”。原因是“盖一代修史时，此等记载无不搜入史局，其所弃而不取者，必有难以征信之处，

---

① 李之亮笺注：《司马温公集编年笺注·附录》（6）卷三《答范梦得》，巴蜀书社 2009 年版，第 162 页。

② 辛德勇：《制造汉武帝》（增订本），生活·读书·新知三联书店 2018 年版，第 67 页。

今或反据以驳正史之讹，不免贻讥有识”[①]。钱大昕对此表示赞许：“此论古特识，颜师古以后未有能见及此者矣。”[②] 辛德勇引之以支持自己的观点，并云：“不知所说‘颜师古以来’是否暗含有司马光修《通鉴》时大量援据‘稗乘脞说’的做法”，认为这是司马光“为体现其政治期望而刻意为之”。[③] 但吕思勉却不赞成赵翼之说：“惟稗乘脞说，尽有为修史时所未见者；又有虽见而未尝参考，或考之未精者，其足正正史之处甚多。要当随事考核，以定信否，不容据其体例，遽执一概之论也。”[④] 事实上，赵翼在具体的撰述中也并未真正贯彻他的主张，如在《廿二史札记》一书的“正文或夹注中特别是宋以后的各卷中，都曾引用私人笔记或杂史类著作以及诗评、碑文等做为旁登或补充材料”[⑤]。黄永年也认为赵翼的看法是“自有所偏，不足为定论”，还指出赵翼的《陔余丛考》一书的“其他部分也常引稗乘，并不局限于经史”。[⑥] 所以辛德勇引赵翼的谬说以证己说是值得商榷的，其实辛德勇本人治史便是常常泛滥四部、纵横千古，不专据正史立说。

考辛德勇对《汉武故事》史料价值的认识，应该是有一个过程的。如为辨析泾水上是否已架桥梁事，他曾征引该书：“《长安志》引《益部耆旧传》称汉武帝祀甘泉曾经泾桥，但《华阳国志》等载同事，并云过渭桥。”注称：“《华阳国志》卷一〇上。《独异志》卷中。《太平广记》卷一

① 赵翼著，王树民校证：《廿二史札记小引》，见赵翼著，王树民校证：《廿二史札记校证》，中华书局 1984 年版，第 1 页。

② 钱大昕：《钱大昕序》，赵翼著，王树民校证：《廿二史札记校证》，中华书局 1984 年版，第 886 页。

③ 辛德勇：《制造汉武帝》（增订本），生活 · 读书 · 新知三联书店 2018 年版，第 80 页。按：“来”当作“后”。

④ 吕思勉：《史通评》，见《史学四种》，上海人民出版社 1981 年版，第 131 页。

⑤ 雷大受：《赵翼及其史学著作》，《北京师院学报（社会科学版）》1980 年第 3 期。按：“旁登”当作“旁证”。

⑥ 黄永年、贾宪保：《唐史史料学》，陕西师范大学出版社 1989 年版，第 49 页。

六一引《汉武故事》。《搜神记》卷四。"[1] 考《太平广记》卷一六一"张宽"条云："张宽字叔文，汉时为侍中。从祀于甘泉。至渭桥，有女子浴于渭水，乳长七尺。上怪其异，遣问之。女曰：'帝后第七车，知我所来。'时宽在第七车，对曰：'天星主祭祀者，斋戒不严，即女人星见。'出《汉武故事》。"[2] 显见起初他并不排斥《汉武故事》，并且就是《汉武故事》中那些神异之事他也做史料使用。只是后来对该书的认识发生了改变，但却不可取。

辛德勇断言《汉武故事》作者为王俭，我们姑且假定其所言非虚，也不能肯定该书属杜撰之作。因为该书所载的一些故事，不仅在西晋时被人所征引，在更早的东汉中期，就已有学者采之以撰文。如检讨张衡的著述，可知其《思玄赋》所述颜驷事，《西京赋》所述长乐宫、明光宫与桂宫相通事，柏梁台灾事，卫后真发事，皆见于《汉武故事》。故纵使该书当时尚未成书，但相关史事已在社会流布却是不争的事实。

并据《史通·古今正史》，刘知幾称《史记》成书后，续补其书者有十五家："《史记》所书，年止汉武，太初以后，阙而不录。其后刘向、向子歆及诸好事者，若冯商、卫衡、扬雄、史岑、梁审、肆仁、晋冯、段肃、金丹、冯衍、韦融、萧奋、刘恂等相次撰续，迄于哀、平间，犹名《史记》。"《后汉书·班彪传》云："后好事者颇或缀集时事，然多鄙俗，不足以踵继其书。"李贤注："好事者谓扬雄、刘歆、阳城衡、褚少孙、史孝山之徒也。"据杨树达考证，阳城衡与卫衡是同一人，史孝山即史岑。合此两说得续《史记》者十六人。[3] 后班彪作《后传》六十五篇，班固因

① 辛德勇：《西汉至北周时期长安附近的陆路交通——汉唐长安交通地理研究之一》，《中国历史地理论丛》1988 年第 3 期。

② 李昉等编：《太平广记》卷一六一《感应》，中华书局 1961 年版，第 1154 页。

③ 杨树达：《〈汉书〉所据史料考》，《大公报》文学副刊，1932 年 5 月 23 日。

之而作《汉书》，班昭、马续等相继续成之。

汉史著作除《汉书》行世外，其他续《史记》之作亦颇有流传一时者，因此必然会有为《汉书》所不载的汉代史事流传下来。如《汉书·艺文志》著录有“冯商所续《太史公》七篇”。而葛洪称：“洪家世有刘子骏《汉书》一百卷。”[①] 班彪《后传》也曾流传，如据《论衡·超奇》称：“班叔皮续《太史公书》百篇以上，记事详悉，义浅理备，观读之者以为甲，而太史公乙。”且据《史通·古今正史》，《汉书》为汉魏六朝之显学，为其作注解者甚多，研习者甚众：“始自汉末，迄乎陈世，为其注解者凡三十五家，至于专门受业，遂与《五经》相亚。”此外《汉书·艺文志》还著录有陆贾所记的《楚汉春秋》九篇、《汉著记》百九十卷、《汉大年纪》五篇。

因此对于汉魏六朝间流传下来的诸如《汉武故事》《西京杂记》等书，虽然其中虚妄之事甚多，但一些叙述可补史传之阙也是不争的事实。故历代学者对其颇为珍视，著述之际，往往细加研析，谨慎征引，以增广异闻。

辛德勇称晁载之贬斥《汉武故事》乃“操觚凿空，恣情迂诞”，然此语实为唐人张柬之所发而为晁载之所征引。[②] 晁载之对《汉武故事》一书的看法是：“其事与《汉书》时相出入，而文不逮。”[③] 并对文中所载汲黯谏言、武帝晚年悔过事深表赞许。

总之，由于《汉武故事》一书中，颇多叙事渊源有自，因此不能武断地斥为伪造、杜撰之作。

---

① 葛洪：《西京杂记跋》，见《西京杂记》，中华书局1985年版，第45页。

② 晁载之：《续谈助》卷一《洞冥记》，丛书集成初编本，第16页。

③ 晁载之：《续谈助》卷三《汉武故事》，丛书集成初编本，第69页。

三、王俭无杜撰《通鉴》所载相关史料之动机

考《通鉴》所载武帝与戾太子纷争及巫蛊事史料，除一男子带剑入中龙华门事见于《汉武故事》外，其他如汉武帝让卫青向卫皇后母子传话之事、汉武帝让戾太子代理国政事、苏文等谄害戾太子事，皆不见于《汉武故事》传世本、节录本及诸文献所征引的该书佚文。故全祖望对其史料来源甚感困惑："《通鉴》载戾园处疑畏之中，极其详悉，乃知戾园固无过，而武皇亦尚未失父道。天降厄运，生一江充以祸之。但《通鉴》此条，绝不知其何所出，《考异》中亦不及西京事。除《班书》外，唯褚先生补《史记》，偶有异同，而《荀纪》则本班氏。温公不知采之何书，大足改正班《史》，而惜胡梅磵亦未尝一考及也。"①

而据《大事记解题》卷一二，吕祖谦论及此事称："《通鉴》引《汉武故事》诸书，戾太子及巫蛊事甚详。……凡此类，皆不可尽信。"

辛德勇遂认为"《通鉴》有关汉武帝与戾太子之间治国路线分歧的记载出自《汉武故事》"。为使其论得以成立，辛德勇特引朱熹之说以为佐证："而朱熹赞誉吕祖谦编著《大事记》'其书甚妙，考订得子细'，又谓'《大事记》甚精密，古今盖未有此书'，甚至希望有人能够'续而成之'，便首先应该包括对其甄别采择史事严谨程度的认可。基于朱熹的学术造诣，这在很大程度上也可以视作当时富有学识的读书人对吕祖谦《大事记》的一般看法。从总体时代背景来看，这也是南宋学术较北宋学术更为深邃精密的一种体现。"② 然而套用辛德勇批驳田余庆引朱熹之说以证《通

① 全祖望撰，朱铸禹汇校集注：《经史问答》卷一〇《诸史》，见《全祖望集汇校集注》，上海古籍出版社2000年版，第2028页。

② 辛德勇：《制造汉武帝》（增订本），生活·读书·新知三联书店2018年版，第25—35页。

鉴》相关史料可信的话，虽然朱熹对《大事记》评价甚高，但并不意味着朱熹专门鉴别过这段史料是否出自《汉武故事》。故辛德勇的论证同样属无效论证。

因吕祖谦自称“昔我伯祖西垣公躬受中原文献之传，载而之南”之语[①]，辛德勇遂认为在南迁中原诸族当中东莱吕氏，“家族富有藏书，因而就历史文献之间源流关系的分析判断而言，其权威性当不在朱熹之下”。进而指出：“正因为吕氏家中拥有非常完备的图书，《大事记解题》所述，应当是依据当时所传《汉武故事》全本立论，信而可据。”[②] 实则此属断章取义。因为在辛德勇所引吕祖谦这句话下面又称：“裴回顾瞻，未得所付。逾岭如闽，而先生与二李伯仲实来，一见意合，遂定师生之分。于是嵩、洛、关、辅诸儒之源流靡不讲，庆历、元祐群叟之本末靡不咨。以广大为心，而陋专门之暖姝；以践履为实，而刊繁文之枝叶。……长乐之士知乡大学，知尊前辈，知宗正论，则皆先生与二李公之力焉。”[③] 细绎其意，可知所谓的“中原文献”在吕祖谦的观念中意指“正统儒学”[④]，而非图书资料。

据《西汉年纪》卷一七，王益之论及《通鉴》中这段史料，引吕祖谦语：“吕氏《解题》曰：《通鉴》引《汉武故事》诸书，载其始末甚详。……此皆非事实，今不取。”叙及戾太子兵败逃亡称：“太子兵败，南奔覆盎城门。”自注“《汉武故事》”。辛德勇据此称：“文中‘太子兵败，南奔覆盎城门’，不见于《汉书·戾太子传》等处，仅见于上引《资治通

① 吕祖谦：《东莱吕太史文集》卷八《祭林宗丞文》，见黄灵庚、吴战垒主编：《吕祖谦全集》第一册，浙江古籍出版社2008年，第133页。

② 辛德勇：《制造汉武帝》（增订本），生活·读书·新知三联书店2018年版，第34页。

③ 吕祖谦：《东莱吕太史文集》卷八《祭林宗丞文》，见黄灵庚、吴战垒主编：《吕祖谦全集》第一册，浙江古籍出版社2008年，第133—134页。

④ 徐艳兰、朱汉民：《“中原文献之传”内涵嬗递之考辨》，见《原道》（第36辑），湖南大学出版社2019年版，第158页。

鉴》，而王益之在此特地注出语出《汉武故事》，说明王氏当时所见《汉武故事》，尚有该项纪事，而今传本《汉武故事》与《西汉年纪》以外其他诸书所引《汉武故事》片段，已不见这条佚文。由此可以进一步证明，王益之删去吕祖谦所说出自《汉武故事》等书的那一大段有关汉武帝与戾太子路线分歧的记述，也是在亲见《汉武故事》原文情况下所做的判断，并非盲目信从吕祖谦的说法。"[①] 事实上此事《汉书·刘屈氂传》有载，故并不能以此证明王益之见到过《汉武故事》全本。

细绎吕祖谦所言，可知其认为《通鉴》中的这段文字，所征引著作非止一种，因以"诸书"概括之，亦即并不能因此就得出相关文字出自《汉武故事》的结论。然而后虽有读者对此提出质疑，但辛德勇却不予接受："但有的朋友说：他说诸书，还有别的，你知道是什么？这么说就有点不讲理了，因为这里列举的时候谁都举出最有代表性的，最主要的和相对来说最可信的就是《汉武故事》，诸书后面等而下之的就更不行了，如果说《汉武故事》不是的话，就是更下三流的书了，《汉武故事》这个书对吕祖谦来说不可信。"[②] 然而观吕祖谦所考辨的两段文字亦皆出自《通鉴》，而不见于《汉武故事》传世本及诸文献所征引的该书佚文。故《汉武故事》一书虽散佚颇甚，我们虽不能因为没有见到该书有相关史料，就断言该书没有记载这些史料，但也不能肯定上述史料一定出自《汉武故事》。考吕祖谦之所以云"《汉武故事》诸书"，当是因为司马光《资治通鉴》卷二二认为巫蛊之祸始自一男子带剑入中龙华门事，如其叙罢此事后云："巫蛊始起"。而该史事吕祖谦可能认为《通鉴》取自《汉武故事》，故以该书为例概言之。

---

① 辛德勇：《制造汉武帝》（增订本），生活·读书·新知三联书店 2018 年版，第 37 页。

② 辛德勇：《制造汉武帝——司马光〈资治通鉴〉构建的汉武帝晚年政治形象》，微信公众号：三联书店三联书情，2016 年 7 月 7 日，https：//mp. weixin. qq. com/s/xFuYDNTw3EVjIaNh3VX39w

辛德勇进而又认为王俭出于个人原因，杜撰了武帝与戾太子纷争的史料，其目的是想“借汉武帝与戾太子事来表现他对刘劭反对宋文帝之举的同情”[①]。然而，我们姑且赞同辛德勇认为《通鉴》所采录的相关史料，出自王俭所撰的《汉武故事》的看法是正确的，却无法认可其所得出的王俭杜撰相关史料的结论。

首先，辛德勇论王俭家事，称王僧绰、东阳公主亦即武康公主为王俭的“生身父母”[②]。然《南齐书·王俭传》称王俭“生而僧绰遇害”，成年后尚阳羡公主，宋明帝以王俭“嫡母武康公主同太初巫蛊事”，不可以为妇姑，欲开冢离葬，“俭因人自陈，密以死请，故事不行”。后超迁秘书丞，撰《七志》及《元徽四部书目》。“母忧，服阕为司徒右长史。”据此可知，东阳公主并非王俭生母。

其次，辛德勇认为“王僧绰对待刘劭，至少是一个中立的态度”[③]。然而当刘劭欲发动宫廷政变时，《宋书·王僧绰传》称：“会二凶巫蛊事泄，上独先召僧绰具言之。及将废立，使寻求前朝旧典。劭于东宫夜飨将士，僧绰密以启闻，上又令撰汉魏以来废诸王故事。撰毕，送与江湛、徐湛之。湛之欲立随王诞，江湛欲立南平王铄，太祖欲立建平王宏，议久不决。诞妃即湛之女，铄妃即湛妹。太祖谓僧绰曰：‘诸人各为身计，便无与国家同忧者。’僧绰曰：‘建立之事，仰由圣怀。臣谓唯宜速断，不可稽缓。当断不断，反受其乱。愿以义割恩，略小不忍，不尔便应坦怀如初，无烦疑论。淮南云：“以石投水，吴越之善没取之。”事机虽密，易致宣广，不可使难生虑表，取笑千载。’上曰：‘卿可谓能断大事。此事重，不可不殷勤三思。且庶人始亡，人将谓我无复慈爱之道。’僧绰曰：‘臣恐千

① 辛德勇：《制造汉武帝》（增订本），生活·读书·新知三联书店2018年版，第116页。
② 辛德勇：《制造汉武帝》（增订本），生活·读书·新知三联书店2018年版，第111页。
③ 辛德勇：《制造汉武帝》（增订本），生活·读书·新知三联书店2018年版，第111页。

载之后，言陛下唯能裁弟，不能裁儿。’上默然。”

观此可知王僧绰在此次宫廷政变中，旗帜鲜明、立场坚定地站在了宋文帝的一边。然而辛德勇却从这段文字中读出了王僧绰对待刘劭，至少持中立态度。试问若王僧绰态度中立，为什么主动向宋文帝报告刘劭的动态？为什么要求宋文帝从速决断？所以议论史事，窃以为还是要以事实为依据。当然辛德勇对此也是有解释的，即王僧绰如此是为了消解文帝的疑忌，以保全身家性命：“王僧绰之于宋文帝，只是希求自保而已，绝非愚诚效忠。”又指出刘劭杀死文帝后，拟议改元，王僧绰为其献计献策，“这一举动，显然具有浓重的拥戴意味”，认为刘劭杀王僧绰是个错误：“只是由于刘劭缺乏政治经验和操弄手腕，才错误地将其杀掉。”问题是他能给刘劭一个不杀王僧绰的理由吗？刘劭得势后，确实是杀了江湛、徐湛之等，而没有诛及王僧绰，辛德勇据此认为“刘劭并未将其视作文帝的心腹”。但文帝最重要的谋划都要先与王僧绰商量，不是亲信可能吗？对此，辛德勇的解释是：“面对猜忌心极重的宋文帝，其‘独先召僧绰具言之’，在王僧绰看来，很可能正是用以窥探他的态度。”① 然此说太牵强，因为王家父子两世皆为文帝所信任。据《宋书·王昙首传》，王僧绰之父王昙首为文帝之亲信，被文帝视为国之“栋梁”，及其卒，文帝“为之恸”。据《宋书·王僧绰传》，王僧绰以亲信子甚得文帝赏识，二十九岁为侍中，“任以机密”。又“元嘉末，太祖颇以后事为念，以其年少，方欲大相付托，朝政小大，皆与参焉”。可谓一直深得文帝信任。故文帝独诏王僧绰议刘劭等为巫蛊事，辛德勇认为王僧绰怀疑这是文帝意在试探自己的看法与史实并不相符。考刘劭之所以不杀王僧绰，是由于如辛德勇所言王僧绰一贯注重谨言慎行，谦抑自处，且与刘劭无明显的利益冲突，具体到废立

① 辛德勇：《制造汉武帝》（增订本），生活·读书·新知三联书店2018年版，第110—111页。

之事属密议，刘劭起初并不知情。而王僧绰遇害后，当时朝廷也认为王僧绰忠于文帝：“世祖即位，追赠散骑常侍、金紫光禄大夫，谥曰愍侯。”

再次，辛德勇因王俭坚决反对宋明帝改葬东阳公主事，认为“这说明王俭对其母附从刘劭反对宋文帝显然有所同情和理解”。此说并不正确。王俭出生前，东阳公主已死，其出生时其父王僧绰遇害，王俭由其叔父王僧虔抚养成人，因此正如辛德勇所言，他对王僧绰、东阳公主在这场政治变故中的认识，“应主要得自叔父或其他王氏家族成员”[①]。尤其需要指出的是，自王僧绰被害后，王僧虔就成了王氏一门的领军人物，王俭后身居高位，对于王僧虔仍甚尊重，因此王僧虔对此次政变的看法对王俭尤其重要。而据《南齐书·王僧虔传》，王僧虔在其兄遇难后，“亲宾咸劝僧虔逃。僧虔涕泣曰：‘吾兄奉国以忠贞，抚我以慈爱，今日之事，苦不见及耳。若同归九泉，犹羽化也’”。观此可知王僧虔视刘劭为叛逆，认为王僧绰是忠于宋文帝而死得其所，他自然是不会认同东阳公主的行为的，所以王俭也不可能认同东阳公主的行为。

王俭之所以以死相争，反对将其嫡母离葬，应是出于为东阳公主尽孝之心，及维护家族声誉之意。王俭笃于儒学，少时便留意“三礼”，并撰有《古今丧服集记》，尤善《春秋》，极重《孝经》。元徽二年，王俭二十二岁时，编纂目录学著作《七志》，将《孝经》置于该书《经典志》所录群经之首：“王俭《七志》，《孝经》为初。”[②] 据《南齐书·陆澄传》，南齐时，国学设郑玄所注的《孝经》，领国子博士陆澄对时任尚书令的王俭说：“《孝经》，小学之类，不宜列在帝典。”并对国学所置《孝经》是否为郑玄所注提出质疑。王俭答称：“疑《孝经》非郑所注，仆以此书明百

---

① 辛德勇：《制造汉武帝》（增订本），生活·读书·新知三联书店 2018 年版，第 111—112 页。

② 陆德明撰，黄焯断句：《经典释文》卷一，中华书局 1983 年版，第 3 页。

行之首，实人伦所先，《七略》、《艺文》并陈之六艺，不与《苍颉》、《凡将》之流也。郑注虚实，前代不嫌，意谓可安，仍旧立置。”据《南史·王俭传》，王俭曾为齐高帝萧道成诵《孝经》之《君子之事上章》，齐高帝称“善”。据《南齐书·文惠太子传》，王俭又曾与文惠太子萧长懋论《孝经》，称该书“孝理弘深，大贤方尽其致”。

王俭不仅精研孝道，而且还躬行之。据《南齐书·王俭传》，其袭父爵时，虽数岁，然“流涕呜咽”，不失孝子之仪。宋顺帝“升明二年，迁长兼侍中，以父终此职，固让”。据《南齐书·王僧虔传》，王俭“为朝宰，起长梁斋，制度小过，僧虔视之不悦，竟不入户，俭即毁之”。齐武帝永明三年，王僧虔亡，王俭曾上表请求解职服丧。对于父母之过错，儒家经典以为孝子不应记藏在心。如《礼记·坊记》称：“子云：‘君子弛其亲之过，而敬其美。’”并应该为其隐讳，如《论语·子路》称孔子云：“父为子隐，子为父隐，直在其中矣。”《礼记·檀弓上》云：“事亲有隐而无犯。”郑玄注：“隐，谓不称扬其过失也。”《公羊传·闵公元年》云：“《春秋》为尊者讳，为亲者讳，为贤者讳。”《穀梁传·隐公元年》称：“孝子扬父之美，不扬父之恶。”因此躬行孝道的王俭阻止宋明帝将东阳公主开冢离葬，应是为了尽孝嫡母并维护家族声誉。因为东阳公主若被开冢离葬，其过失便会显扬天下，而遭世人诟詈，这不仅会让其先人蒙羞，并且也会影响到王氏高门士族的清誉，所以这对于笃守孝亲之义的王俭来说是无法接受的，因此以死抗争。

最后，辛德勇认为王俭可能从宋文帝与太子刘劭之事，联想到汉武帝与戾太子的纷争。然而，若说王俭由宋文帝兴兵北伐及刻薄寡恩而联想到汉武帝，当不无可能。但是认为王俭因刘劭为巫蛊并发动宫廷政变而联想到戾太子，则断无可能。理由有三：其一，双方父子关系不类。据《宋书·刘劭传》，宋文帝对刘劭仁至义尽，虽知刘劭使女巫严道育为巫蛊诅咒自己，仍然原谅了刘劭，后因担心京师出现非常之事，“辄加劭兵众，东宫实甲万人。车驾出行，劭入守，使将白直队自随”。及得知刘劭仍在与女巫严道育往来，显见害己之心不死，方才打算废黜刘劭。而刘劭自有害父之心始，一直在处心积虑地算计其父。汉武帝则是晚年对戾太子刘据之宠衰减，后又精心布局，必欲除戾太子而后快，而史则未言戾太子有算计乃父之举。其二，巫蛊事不同。刘劭对宋文帝行巫蛊事，证据确凿；戾太子的巫蛊之事，虽江充于其宫得桐木人，但并没有确凿证据证明其巫蛊祝诅乃父，汉武帝自己后来也认为戾太子是无辜的。其三，攻守之势不同。宋文帝父子的宫廷政变，是刘劭主动进攻，宋文帝被动应对；汉武帝父子则是汉武帝主动进攻，戾太子被逼抗争。

综上，王俭不可能有通过虚构汉武帝父子纷争之事，来表达他对刘劭反对宋文帝之举的同情的动机。

四、《通鉴》所采录史料与《汉书》史实之比较

细绎史实，《通鉴》史料所彰显的武帝与戾太子的路线之异，及戾太子“仁恕温谨”“敦重好静”的个性，在《汉书》及其他可信据的史料中颇可窥测到一二。

武帝父子治国理念不同之说由张烈首倡，而为田余庆所弘扬，嗣后蒲慕州、阎步克、陈曦等屡有阐发。[①] 然诸家皆征引有《通鉴》中出处不明的史料，在这些史料的可信性受到质疑的当下，似乎诸家之论皆难以成

① 参见张烈：《评盐铁会议》，《历史研究》1977 年第 6 期；田余庆：《论轮台诏》，《历史研究》1984 年第 2 期；蒲慕州：《巫蛊之祸的政治意义》，台湾《“中央研究院”历史语言研究所集刊》第 57 本第 3 分（1986 年）；阎步克：《汉武帝时“宽厚长者皆附太子”考》，《北京大学学报（哲学社会科学版）》1993 年第 3 期；陈曦：《戾太子“私问〈穀梁〉而善之”发覆》，《浙江师范大学学报（社会科学版）》2008 年第 2 期。

立，然而蒲慕州、陈曦的部分观点还是颇有说服力的。如蒲慕州认为戾太子以文治为主的政治倾向，“可以由他的教育背景及他性格的仁慈宽厚上看出”[①]。陈曦通过对《汉书》所叙戾太子“私问《穀梁》而善之”一事进行解读，指出：“戾太子反对汉武帝及其用法大臣依据《公羊传》而实施的征伐四夷的开边政策与用法严苛的血腥政治。”他“立足于《穀梁传》，形成了与汉武政治色彩不同的‘守文’思想”[②]。

但辛德勇却认为戾太子之“私问《穀梁》”，当在其既通《公羊》之后、举行冠礼之前。因此怀疑戾太子是否真正理解《穀梁传》：“戾太子何时举行这一仪式，《汉书》没有明确记载，但继武帝之后即位的昭帝，举行此礼，是在十八岁的时候，戾太子的情况，应当大致与之相仿。小小年纪，他能否一问《穀梁》即为其系统的思想观念所折服，这未免令人疑惑。”进而指出元狩六年，戾太子十二岁时，受武帝宠幸的王夫人子刘闳受封为诸侯王，立八年而薨，时年戾太子二十岁，“这也就意味着在戾太子十八岁成人之前‘私问《穀梁》而善之’的时候，他正处于母亲卫皇后遭受汉武帝冷落而异母弟刘闳深得宠幸的环境之中”。由于卫皇后母子地位受到王夫人母子的威胁，而《穀梁传》关于鲁隐公与鲁桓公身份问题的叙述与评价有利于维护戾太子的地位，因此戾太子对《穀梁传》感兴趣。因为若卫子夫被废，按照《公羊传》所持的理论，他的太子之位将会被其他皇子所取代，而按照《穀梁传》所持的观点，则“只能由他来继承帝位”，辛德勇遂欣然道：“透过上述情况，至少我们可以看到，戾太子‘私问《穀梁》而善之’，未必一定出于对《穀梁传》复杂思想体系的认

① 蒲慕州：《巫蛊之祸的政治意义》，见台湾《“中央研究院”历史语言研究所集刊》第57本第3分（1986年）。

② 陈曦：《戾太子“私问〈穀梁〉而善之”发覆》，《浙江师范大学学报（社会科学版）》2008年第2期。

同，并由此孕育出一种与乃父判然有别的治国理念，他很有可能只是在《穀梁传》中找到了切合自身利益的一种说法，而这恐怕更符合戾太子当时的年龄和心理状况。”①

其实，追溯西汉前代的历史，可发现当太子之母失宠时，皇帝往往是先向太子发难，如据《史记·吕太后本纪》，高祖时，“孝惠为人仁弱，高祖以为不类我，常欲废太子，立戚姬子如意，如意类我”。据《史记·外戚世家》，景帝时，大行建言立栗姬为皇后，景帝怒：“遂案诛大行，而废太子为临江王。栗姬愈恚恨，不得见，以忧死。”所以若其母失宠，戾太子最担心的可能是自己要先被废除，而非其母被废之后他的处境。然辛德勇对此没有任何论析。

据《汉书·戾太子传》，戾太子“少壮，诏受《公羊春秋》，又从瑕丘江公受《穀梁》”。《汉书·儒林传》称：“于是上因尊《公羊》家，诏太子受《公羊春秋》，由是《公羊》大兴。太子既通，复私问《穀梁》而善之。”可知戾太子是在通晓《公羊传》后，学的《穀梁传》。而两传即如辛德勇所言，“本同源异流”，《穀梁传》是“在《公羊传》基础上进一步讲说《春秋》大义，对《公羊传》所说，既有沿承，也有变易，二者并非截然对立的思想学说”②。则戾太子在通晓《公羊传》的基础上再学习《穀梁传》，自应是轻车熟路。且《公羊传》兼传《春秋》大义微言，《穀梁传》但传《春秋》大义，则相对于《公羊传》，修习《穀梁传》较为容易，故南朝人王俭论及《穀梁传》，径称其为《穀梁》小书。所以戾太子“私问《穀梁》而善之”是合乎情理的。

同时，征诸史实，王夫人卒于元狩六年武帝封其子刘闳为齐王前后。

① 辛德勇：《制造汉武帝》（增订本），生活·读书·新知三联书店2018年版，第53—65页。
② 辛德勇：《制造汉武帝》（增订本），生活·读书·新知三联书店2018年版，第53—54页。

据《史记·三王世家》，封刘闳等为王的动议起自元狩六年。该年三月，霍去病上疏请武帝封刘闳等诸皇子，四月策立刘闳等为王。当刘闳将立为齐王时，王夫人病，“武帝自临问之”，王夫人死后，“帝痛之，使使者拜之曰：‘皇帝谨使使太中大夫明奉璧一，赐夫人为齐王太后’”。此显见王夫人在元狩六年刘闳封齐王前后已去世，因此辛德勇认为刘闳被立为齐王至其薨这段时间，其母子都颇得武帝宠爱的看法与史实并不相符。

另外需要指出的是，汉代太子举行冠礼并无确定的时间，如武帝为太子，景帝后元三年正月行冠礼，时年十六岁；元帝为太子，五凤元年春行冠礼，时年十八岁；成帝为太子，竟宁元年正月行冠礼，时年十九岁；哀帝未立为太子前，于元延四年行冠礼，时年十七岁。故辛德勇以昭帝十八岁行冠礼，以推戾太子十八岁行成人礼是不正确的。

同时，还要指出的是大司马大将军卫青此时尚在。所以自刘闳被立为王至其薨这段时间，卫子夫虽色衰，然其皇后之位尚稳。对于武帝对卫后的宠遇，《汉书·外戚传》初仅言其“色衰”而不言其“宠衰”：“皇后立七年，而男立为太子。后色衰，赵之王夫人、中山李夫人有宠，皆蚤卒。后有尹倢伃、钩弋夫人更幸。”同时《汉书·戾太子传》明确指出其“宠衰”是在“武帝末”。在此期间，戾太子也得到武帝的着意栽培，且武帝对戾太子的宠爱一直持续到他行冠礼后尚不衰，“及冠就宫，上为立博望苑，使通宾客，从其所好”。也就是说戾太子是安全的，并无被夺嫡之忧。所以辛德勇假定卫子夫母子地位受到王夫人母子威胁的观点是不成立的，其由此而发的议论自然亦不能成立。

由于《公羊传》宣扬大一统、鼓吹大义灭亲，强调复国仇，《穀梁传》讲亲亲尊尊、重视礼教、主张以民为本，而武帝重《公羊传》，戾太子善《穀梁传》，故此确可视为武帝与戾太子之间存在着治国路线之异的佐证。成祖明亦指出：“武帝晚年穷兵黩武，极权暴政，‘竭民财力，奢泰亡度’，以致‘天下虚耗，百姓流离’，渴望政治向文景时期宽仁恭俭回归已成为当时整个社会的诉求……而视人间亲族关系为‘天伦’，强调薄赋敛重农时，反对不义战争，子爱人民生命的《穀梁》经学在这一时期兴起，也正是民间社会这一诉求的反映。太子‘私问《穀梁》而善之’，正反映太子对这一诉求的认同，亦符合社会对太子的期待。”①

另外从戾太子深得民心也可看出他与武帝的治国路线之异。如始元五年春，发生伪戾太子诣阙自陈事件，长安数万吏民闻讯前来聚观，并对伪戾太子表现出极大的热情。如据《汉书·刘旦传》，燕王刘旦称：“前日一男子诣阙，自谓故太子，长安中民趣乡之，正讙不可止，大将军恐，出兵陈之，以自备耳。”考虑此前戾太子驱长安四市人与武帝对抗，导致数万人死于非命，嗣后许多人又受到牵连，或被流放远方，或被投入监狱，然而长安吏民得知戾太子归来的消息后，表现出的不是愤怒、怨恨，而是热烈欢迎，因此对百姓的表现不应仅仅理解为是因为对太子含冤出走的同情、怜惜，还应是出于对他的敬仰与爱戴。敬仰与爱戴的原因肯定不是因为他是武帝之政的拥护者。因为武帝之政在其在世时已为百姓所痛恨，昭帝时仍得不到百姓的原谅。盐铁会议上，来自民间的贤良文学对武帝之政深致不满就是明证。而若考虑到昭帝初推行新政的力度有限，长安百姓对戾太子的欢迎，还应包含着希望由戾太子带领他们走向太平盛世的现实诉求。

《通鉴》曾论及戾太子的性情，但辛德勇对此颇持异议：“戾太子绝非《通鉴》所说‘性仁恕温谨’或是‘敦重好静’之人。”② 成祖明亦称：“除去《通鉴》文字，我们对太子性格及其周边集团成员所知甚少。”认

① 成祖明：《内部秩序与外部战略：论〈轮台诏〉与汉帝国政策的转向》，《清华大学学报（哲学社会科学版）》2016 年第 2 期。

② 辛德勇：《制造汉武帝》（增订本），生活·读书·新知三联书店 2018 年版，第 51 页。

为“卫太子‘仁恕温谨’的形象部分是后来史书的建构，其人亦有怒目金刚的一面”[①]。对此笔者不敢苟同。

关于戾太子的性情，可从培养、教育他的一批贵族、重臣的共性来推理。武帝喜欢恭谨的臣下，因此卫氏外戚集团的骨干成员皆注重修饬自己的言行。如据《史记·卫将军骠骑列传》，苏建称他曾批评卫青在厚待、推荐贤才方面存在不足，卫青则答曰：“自魏其、武安之厚宾客，天子常切齿。彼亲附士大夫，招贤绌不肖者，人主之柄也。人臣奉法遵职而已，何与招士!”霍去病“亦放此意”。就卫子夫而言，武帝多欲，后宫女子甚众，这些女子为争宠而争斗不休，武帝又天性雄猜，果于诛戮，因此武帝在世期间，其后宫一直是矛盾集中的是非之地，及其晚年尤甚。而卫子夫置身于这样的环境中，得为皇后三十八年，可知其为人一贯谨慎内敛，尤其是在色衰后。戾太子作为卫氏外戚集团的希望、其他政治势力谄害的对象，熟知武帝性情的卫子夫、卫青等人一定会注意教育、提醒他行事要稳重谨慎，并注意规范他的言行。而武帝为戾太子所置之傅之德行皆颇可称道。如太子太傅石庆笃行、卜式质直，太子太傅赵周、太子少傅庄青翟皆娖娖廉谨，其中以恭谨、至孝知名的石庆自戾太子立便被选为太子之傅，教育其长达七年之久，后于太子太傅之位迁官御史大夫。庄青翟、赵周亦先后以太子少傅、太子太傅的身份被拜为丞相，据此可知武帝对他们教育太子的工作是满意的。卜式由御史大夫贬秩太子太傅，则当是武帝认为其不堪政事，而取其为人忠厚质直，因以其为太子之傅，以规范太子。总之，戾太子自其出生之后，尤其是在被立为太子之后，就为这样一个群体所环绕，则他们的言行必然会对戾太子性格的形成产生重要影响。

---

① 成祖明：《内部秩序与外部战略：论〈轮台诏〉与汉帝国政策的转向》，《清华大学学报（哲学社会科学版）》2016 年第 2 期。

当然太子家使有擅行驰道的违礼逾制之举，然谨慎如金日磾，其子亦有与宫人戏的不谨之行，要在如何处置尔。金日磾是直接将儿子杀掉，而据《汉书·江充传》，戾太子则是请求江充原谅："后充从上甘泉，逢太子家使乘车马行驰道中，充以属吏。太子闻之，使人谢充曰：'非爱车马，诚不欲令上闻之，以教敕亡素者。唯江君宽之！'"戾太子此举显示其处事能力存在着不足。首先，事情发生后，戾太子不是主动向武帝承认自己有管教属下不严之过，而是企图隐瞒自己的过失，这就犯了武帝的忌讳；其次，江充自赴京状告赵王太子刘丹以来的种种作为，已充分显示其是一个志在投武帝之所好的政治投机者，并不值得信赖，但戾太子却试图以自己的威望影响江充的决断，这显然非明智之举。故就此事而言，称戾太子处事思虑不周、举止草率是不为过的。另外，此事发生后，戾太子不是严惩家使，而是希望江充不要上报武帝，也显示出他对待属下的宽厚。故《通鉴》论及戾太子的性情，称其"及长，性仁恕温谨，上嫌其材能少，不类己"。此条史料虽无法考知其出处，但从戾太子处理家使违礼逾制一事，确实可以看出他性情温厚、少才能的一面。另外从卫氏外戚的骨干成员李禹、公孙敬声等在朝中为所欲为的表现，也可看出戾太子缺乏驾驭群下之能。如据《史记·李将军列传》，李敢之女为太子中人，为太子所"爱幸"，李敢之子李禹"有宠于太子"，由于其人"好利"，司马迁见微知著，因云"李氏陵迟衰微矣"。班固在《汉书·李广传》中，则更进一步指出其"有勇"，行事嚣张而无礼。据《汉书·公孙贺传》，太仆公孙敬声，"以皇后姊子，骄奢不奉法"。

总之，通过搁置《通鉴》中的相关史料，仅利用《汉书》及其他可信据的史料，仍然可窥测到《通鉴》史料所彰显的武帝与戾太子的治国理念之异，及戾太子"仁恕温谨""敦重好静"的个性，故而《通鉴》中的相关史料是有一定可信性的。

综上，《汉武故事》中所叙述的一些史事至迟在东汉中期就已在社会流布，该书成书当不晚于东晋，故不能归为王俭一人所独撰，也不可武断地斥其绝非信史。《汉武故事》一书虽散佚颇甚，我们虽不能因为没有见到该书有《通鉴》所采武帝与戾太子纷争及巫蛊事史料，就断言该书没有记载这些史料，但也不能肯定这些史料一定出自《汉武故事》。并且我们姑且赞同辛德勇认为《通鉴》所采录的相关史料，出自王俭所撰的《汉武故事》的看法是正确的，由于王俭无杜撰相关史料之动机，也无法认可辛德勇所做的王俭杜撰相关史料的结论。并且《通鉴》所采录的相关史料与《汉书》反映的情况颇多相同或相近之处，因此，《通鉴》所采录的史料可能会有加工的成分，但不能一概斥为杜撰。并且《通鉴》所采录的史料只是进一步丰富了我们对巫蛊之祸这一历史事件的理解而已。因此笔者认为在探讨巫蛊之祸时，将《通鉴》中不明出处的史料作为辅助史料来运用是合适的。

第三章　巫蛊之祸：汉武帝与戾太子的父子纠葛

在对西汉重大历史事件巫蛊之祸的研究中，汉武帝与戾太子的矛盾问题一直深为学界所关注，其中田余庆、辛德勇、韩树峰等的看法颇有代表性。田余庆认为汉武帝与戾太子的矛盾在本质上是两条不同治国路线的分歧和斗争，因形势变化导致矛盾激化，从而表现为武帝与太子的不可两立的抗争。[①] 辛德勇认为武帝与戾太子父子的矛盾体现为权力之争，巫蛊之祸的爆发，是后宫争宠的结果。[②] 韩树峰认为巫蛊之狱不含路线冲突的色彩，武帝更无借此废黜戾太子的想法，相反，武帝此举还具有为戾太子日后执政扫清障碍的意味。[③] 以上诸观点，田余庆的观点因以《资治通鉴》中不明出处的史料为支撑，故引起学者质疑，辛德勇、韩树峰的观点虽新颖，然其论述颇多似是而非之处。

---

① 田余庆：《论轮台诏》，《历史研究》1984 年第 2 期。

② 辛德勇：《汉武帝晚年政治取向与司马光的重构》，《清华大学学报（哲学社会科学版）》2014 年第 6 期。

③ 韩树峰：《论巫蛊之狱的性质——以卫太子行巫蛊及汉武帝更换继嗣为中心》，《社会科学战线》2015 年第 9 期。

一、汉武帝晚年与戾太子的矛盾

通过对《汉书》等相关史料的研读，可以发现汉武帝晚年与戾太子之间矛盾重重。

武帝父子治国理念不同，已如前所述。但是需要注意的是，胡文辉论及田余庆的观点，“怀疑”田余庆对武帝与太子两条政治路线冲突的解释，“跟田先生所身历的政治经验和时代氛围有关”，而这似乎有违背历史主义原则之嫌，故胡文辉特强调田余庆的处理，“并未因此而超越史料的分际”①。其实以今知古也是合乎逻辑的。如《吕氏春秋·察今》称：“故察己则可以知人，察今则可以知古，古今一也，人与我同耳。有道之士，贵以近知远，以今知古，以益所见，知所不见。”② 这一看法是合乎道理的，“因为历史是人的社会史，人们的社会生活经验很容易沟通人们对历史上社会生活的理解，于是，经验性认识，往往成为历史认识的突破口”③。而“缺乏对现实和当前的把握，对于人间世界的变化运作没有深切的体会，也就难以达到对于过往和历史的深入把握”④。如吕思勉就指出：“学问在空间，不在纸上，读书是要知道宇宙间的现象，就是书上所说的事情；书上所说的事情，也要把他转化成眼前所见的事情。如此，则书本的记载，和阅历所得，合同而化，才是真正的学问。昔人所谓‘世事洞明皆学问，人情练达即文章’，其中确有至理。知此理，则阅历所及，随处可与所治

---

① 胡文辉：《制造司马光》，《东方早报》2016 年 3 月 13 日第 A06 版。

② 王利器：《吕氏春秋注疏》卷一五《察今》，巴蜀书社 2002 年版，第 1771 页。

③ 李振宏：《论史家主体意识》，《历史研究》1988 年第 3 期。

④ 彭刚：《历史学家的境界——从“一切历史都是当代史”谈起》，《北京日报》2013 年 4 月 27 日第 019 版。

的学问相发明，正不必兢兢于故纸堆中讨生活了。”[①] 此真可谓经验之谈。而陈寅恪则曾讲过一个阅历与学问相发明的实例。抗战期间，陈寅恪曾困居沦陷的香港，后其回忆这段往事称：“回忆前在绝岛，苍黄逃死之际，取一巾箱坊本《建炎以来系年要录》，抱持诵读，其汴京围困屈降诸卷，所述人事利害之回环，国论是非之纷错，殆极世态诡变之至奇，然其中颇复有不甚可解者，及取当日身历目睹之事，以相印证，则忽豁然心通意会。”[②] 所以在学术研究中，尤其是对于政治史的研究，合理运用社会阅历、生活经验来分析史事是合适的。

武帝与戾太子不仅治国理念有异，武帝晚年，由于戾太子羽翼已成，又让武帝对他充满疑忌。

关于武帝疑忌戾太子事，学者屡有揭示，笔者也曾指出，武帝时以卫、霍为首的军功外戚集团，成为太子母子的重要依靠。“尽管这个集团随着霍去病、卫青的先后去世，再加上武帝的压制，在武帝后期的政坛已呈江河日下之势，但这支力量还在，一旦太子有召唤，没有人敢保证他们不会倒向太子。”[③]

同时需要补充说明的是，戾太子成人后，武帝特为他立博望苑，任由他根据自己的喜好招揽宾客，这使社会上许多才俊被戾太子所延揽，成为他的亲信。而据《汉书·戾太子传》，征和二年，当戾太子为江充所逼，问计于少傅石德时，石德建议戾太子“可矫以节收捕充等系狱”。据《汉书·功臣表》，亚谷侯卢贺“延和二年，坐受卫太子节，掠死”。颜师古注：“以卫太子擅发兵，而贺受其节，疑有反心，故见拷掠而死也。”显见

① 吕思勉：《自述学习历史之经过》，见《蒿庐问学记》，生活·读书·新知三联书店 1996 年版，第 237 页。

② 陈寅恪：《〈辽史补注〉序》，《读书通迅》1942 年第 56 期。

③ 李峰：《巫蛊之祸：西汉中期政坛秘辛》，河南大学出版社 2015 年版，第 6 页。

戾太子持有武帝授予的“节”，该物“代表皇帝命令，是一种最高权力的象征”，持节“可以行使天子给予的特殊权力”[①]。据此可知戾太子拥有武帝的授权，可以行使部分皇权。卫氏外戚的核心人物中其时还颇有身居要职者，如卫后姊卫君孺的丈夫公孙贺为丞相，其子公孙敬声为太仆，父子并居公卿位。另外，丞相司直田仁、监北军使者任安曾是卫青的舍人。名臣张汤之子张贺为戾太子亲吏。东城侯居股、开陵侯禄、亚谷侯卢贺等与戾太子的关系也甚密切。而石庆、卜式、庄青翟、赵周等名臣皆曾为太子之师，这些人后皆不得意，或以过见谴，或获罪自杀，属于他们的势力为图谋东山再起，在政治上倾向于支持戾太子是可以想见的。总此诸方面原因，使戾太子在朝中权势颇盛，而“政治权力的转移，对于最高执政者本人来说，是非常严重的事。即使是他自己选定的继承人，也难免面对苛刻挑剔的目光”[②]。更何况戾太子亲党中颇多跛扈之徒，因此纵使戾太子无逆乱之心，但其亲党的恣意妄为，如何能让生性多疑、年迈多病、执政能力严重下降的武帝心安？武帝公开肯定政治投机者江充举报戾太子属下违制之举，应该就是这种心理的反映。

据《汉书·江充传》，江充，原名江齐，赵国人，早年借女色攀附上赵太子刘丹，进而得幸于赵王刘彭祖：“有女弟善鼓琴歌舞，嫁之赵太子丹。齐得幸于敬肃王，为上客。”而靠色相谋取富贵，颇为汉人所不取。如《史记·佞幸列传》称“女以色媚”属靠侥幸获得富贵的行为。《汉书·佞幸传》亦称此属“进不由道”。颜师古注曰：“言本不以德进。”据《汉书·江充传》，江充后因争宠于赵王而与赵太子结怨，最终双方矛盾激化，先是赵太子以确凿的罪证诛杀江充的父兄：“久之，太子疑齐以己阴

① 安作璋、熊铁基：《秦汉官制史稿》（下册），齐鲁书社1984年版，第476页。
② 王子今：《晚年汉武帝与“巫蛊之祸”》，《固原师专学报（社会科学版）》1998年第5期。

私告王，与齐忤，使吏逐捕齐，不得，收系其父兄，按验，皆弃市。”继而江充诣阙告发赵太子“与同产姊及王后宫奸乱”“交通郡国豪猾，攻剽为奸，吏不能禁”等大罪，赵王称江充这样做是为了“复私怨”，即公报私仇，其实赵太子又何尝不是。而对于这种行为，一经发现，武帝是定要予以严惩的。如元鼎二年十一月，丞相庄青翟及三长史挟私借武帝之手除掉御史大夫张汤，后被武帝发觉，遂按诛三长史，并逼庄青翟自杀。然而此次赵太子、江充所为虽同属利用公器逞其私欲的挟私报复，但武帝最终却只惩治赵太子，而不问罪于江充，乃在于江充洞察时势，揣摩到了武帝的心思。

汉自七国之乱后，持续强化对诸侯王国的控制，据《汉书·百官公卿表》，早在景帝中五年，已“令诸侯王不得复治国，天子为置吏”。又据《史记·五宗世家》云：“自吴楚反后，五宗王世，汉为置二千石，去‘丞相’曰‘相’，银印。诸侯独得食租税，夺之权。”而刘彭祖擅权赵国，为所欲为，“立五十余年，相、二千石无能满二岁，辄以罪去，大者死，小者刑，以故二千石莫敢治”。虽然如此，由于刘彭祖为人“巧佞卑谄，足恭而心刻深”，朝廷竟奈何不得。故江充遂于此处用力，告发赵太子扰乱地方秩序，而武帝一收到江充的奏书，即严惩赵太子，借以打击赵王，因此赵王虽为求得武帝宽恕赵太子，无所不用其极，武帝却不为所动，竟败赵太子。

通过梳理整个事件的经过，可知就江充而言，其初“进不由道”，后与赵太子争宠于赵王，当时若赵太子任由他受宠于赵王，纵使赵太子犯下滔天的罪行，他也不会赴长安告发赵太子的。故其行虽有益于国，但其心却可诛，因此被时人视为奸邪之徒。如据《汉书·江充传》，巫蛊之祸中，戾太子骂江充：“赵虏！乱乃国王父子不足邪！”据《汉书·戾太子传》，壶关三老茂在为戾太子讼冤时称：“往者江充谗杀赵太子，天下莫不闻。”

据《汉书·江充传》，武帝晚年，戾太子家使曾违制乘车马行驰道中，为时为直指使者的江充收其车马。戾太子知道后派人请求江充不要将此事报告武帝，江充不为所动，仍然奏白武帝，武帝对此予以激赏：“人臣当如是矣。”蒲慕州认为这显示“武帝心中也并非十分满意太子”①。因为武帝虽未明言对戾太子的看法，然其肯定江充的行为，就是对戾太子的批评。

太子因违制而被臣下举奏的事情在前代也曾发生过。如据《史记·张释之列传》，文帝时，张释之为公车令，就曾有震慑太子之举。然而文帝却将太子不敬之过揽在自己身上，对于张释之，文帝只是惊讶于他敢冒犯太子，此事过后，很快拜他为职司顾问应对没有实权的中大夫，观此可知文帝此举颇有保护太子之意：“顷之，太子与梁王共车入朝，不下司马门，于是释之追止太子、梁王无得入殿门。遂劾不下公门不敬，奏之。薄太后闻之，文帝免冠谢曰：‘教儿子不谨。’薄太后乃使使承诏赦太子、梁王，然后得入。文帝由是奇释之，拜为中大夫。”而武帝却不仅不维护戾太子的声誉，还公开显扬太子的过失，于此可见武帝对戾太子疑忌之深。

就戾太子而言，他与武帝有父子之亲，然而犯了错误却宁肯去求一个公认的奸邪之徒宽恕，也不敢去向武帝认错，显见由于此时他们父子之间隔阂已甚深，使其父子亲情淡漠，君臣关系凸显，戾太子已无法与乃父坦诚相见。故蒲慕州指出此事显示“太子和武帝之间此时并没有一种相互的信任与了解”②。

考此事发生的具体时间或在太始三年。据《汉书·江充传》，江充向

---

① 蒲慕州：《巫蛊之祸的政治意义》，见台湾《“中央研究院”历史语言研究所集刊》第57本第3分（1986年）。

② 蒲慕州：《巫蛊之祸的政治意义》，见台湾《“中央研究院”历史语言研究所集刊》第57本第3分（1986年）。

武帝告发戾太子家使违制事后，武帝将江充“迁为水衡都尉”。《汉书·百官公卿表》则称太始三年，“直指使者江充为水衡都尉”。故蒲慕州称：“是年江充因劾奏卫太子家使行甘泉驰道受武帝嘉许，迁为水衡都尉。”[①]

最后，若戾太子继位，汉家可能会再度出现太后擅权的局面，这也是武帝所不能容忍的。[②]

此外，卫皇后色衰后，王夫人、李夫人、尹倢伃、钩弋夫人相继受宠，而王夫人、李夫人、钩弋夫人皆有子，由此而导致武帝与戾太子关系疏离，从而深化二者之间的矛盾也是可以理解的。然而如陈志那样认为：“巫蛊之祸，既不是单纯争宠、泄忿的宫妃之间的倾轧，也不是汉武帝与卫太子不同政见之争，而是汉武帝与后妃和外戚集团势力之间一场特殊形式的历史大搏斗。”[③] 如辛德勇那样认为因“后宫争宠”而导致巫蛊之祸的发生[④]，则显然是把问题简单化了。

总之，巫蛊之祸，是以汉武帝与戾太子的矛盾斗争为核心，各利益攸关方深度参与政治博弈的结果，其背景极其复杂。

二、汉武帝发动巫蛊之狱的心路历程与各利益攸关方的反应

武帝晚年，性情烦躁、多疑、喜怒失常，劳干认为这与其服食丹药有关：“汉武帝求神仙，服食丹药，而这种丹药的材料，无论那一种方剂，都离不开铅和汞，有时且杂有砷和铜（雄黄就是砷的化合物，会青为铜的化合物）。这些原料任何一种都是有剧毒的。”然后称：“服食丹药可以严

---

① 蒲慕州：《巫蛊之祸的政治意义》，见台湾《“中央研究院”历史语言研究所集刊》第57本第3分（1986年）。

② 李峰：《巫蛊之祸：西汉中期政坛秘辛》，河南大学出版社2015年版，第7页。

③ 陈志：《论巫蛊之祸》，《福建论坛》1988年第3期。

④ 辛德勇：《制造汉武帝》（增订本），生活·读书·新知三联书店2018年版，第58页。

重影响君主的性情，变得非常急躁，因而影响到政治，这是毫无问题的。”并举魏道武帝、唐宪宗、唐武宗为例，指出“所以服食丹药以后，第一是性情变得烦躁，喜怒失常。第二是性情变得多疑，猜忌得过分，以至亲人都不相信。这两点在汉武帝当巫蛊事件发生时的性情相合”。故而剖析巫蛊之祸，武帝“服食丹药这个因素，是应当加以注意的”。就巫蛊之祸而言，“最大的可能，是汉武帝对于这个事件的处理并没有预定的计画，和一贯的方针”①。辛德勇沿此推考，遂得出了武帝当时的性情已非常情所能理喻的看法：“劳氏这一分析，应当符合当时的实际情况，汉武帝在长期服食仙方秘药之后，一方面，身体日益衰败，另一方面，情绪也越来越失去控制，在很大程度上，已非常情所能理喻。”② 实则劳干对丹砂在中国古代的应用情况有专门的研究，他的结论是：“盖武帝时仅欲以丹砂炼金，所服者当为其他药物，尚非丹砂。故未中毒，因差可少病，年至七十余。”③

虽然劳干前说发表在后，后说发表在前，然其前说并未对武帝服食丹药事有所考证，后说则言之有据，同时征诸史实，确实得不出武帝曾服食丹药的结论。故劳干前说是缺乏说服力的，应当以其后说为准。

并且武帝晚年性情虽然确实不好把握，但通过梳理武帝发动巫蛊之狱的心路历程，可知其行事是颇有轨辙可循的。

据《汉书·外戚传》，太始三年，钩弋夫人因孕十四月而生刘弗陵，武帝遂以尧母亦孕十四月而生尧为由，“乃命其所生门曰尧母门”。司马光在《通鉴》卷二二述及此事，认为这透露了武帝意欲更换继嗣之心：“为

---

① 劳干：《对于〈巫蛊之祸的政治意义〉的看法》，见台湾《“中央研究院”历史语言研究所集刊》第57本第3分（1986年）。

② 辛德勇：《海昏侯刘贺》，生活·读书·新知三联书店2016年版，第82—83页。

③ 劳干：《中国丹砂之应用及其推演》，见台湾《“中央研究院”历史语言研究所集刊》第7本第4分（1938年）。

人君者，动静举措不可不慎，发于中必形于外，天下无不知之。当是时也，皇后、太子皆无恙，而命钩弋之门曰尧母，非名也。是以奸人逆探上意，知其奇爱少子，欲以为嗣，遂有危皇后、太子之心，卒成巫蛊之祸，悲夫!”

对于司马光的看法，一些学者并不认同，如劳干称：“至于昭帝出生，被题为‘尧母门’，这一个问题，并经司马光指责。其实尧、舜、禹、汤，在汉代常作命名，并不见得有储嗣问题，也不足深究了。”① 韩树峰认为“武帝取‘尧母门’之名，可能主要表达对钩弋的宠爱之情，未必包含以刘弗陵取代太子之意”②。沈明得也认为：“弗陵的出生与卫太子败亡，不可导为因果关系。如由时间的先后顺序，年龄与诸子喜好等考虑，要说以弗陵出生有了易储的作为，似乎过于牵强。”③ 然而武帝在施政过程中，常故意用晦涩的言辞来表达自己对一些敏感事情的态度，却是不争的事实。另外武帝借盛赞江充惩治太子家使事，以显扬戾太子的过失，实际上也隐约透露了其意欲更换继嗣之心。因此司马光的看法是有道理的。但司马光为此批评武帝，显然是未能洞察武帝的用心。因为武帝虽有易储之心，但要想实现这一愿望，却必须借助臣下的力量，“若不表露出来，臣下如何能知道并助他实现这个愿望?”④

当然在辛德勇看来，武帝只是想废除戾太子，而不是要诛杀戾太子：“武帝因不甘年老体衰而祈求长生，自然极其憎恨戾太子行巫蛊咒其速死，但即便太子被废，在两汉时期亦并无擅杀废太子之事”，并举赵翼之说为

① 劳干：《霍光当政时的政治问题》，见《古代中国的历史与文化》（上），台湾联经出版事业股份有限公司 2006 年版，第 139 页。

② 韩树峰：《论巫蛊之狱的性质——以卫太子行巫蛊及汉武帝更换继嗣为中心》，《社会科学战线》2015 年第 9 期。

③ 沈明得：《汉武帝与卫太子的父子关系——刘据的储君地位与威胁》，《通识教育学报》2014 年第 2 期。

④ 李峰：《巫蛊之祸：西汉中期政坛秘辛》，河南大学出版社 2015 年版，第 3 页。

证："参见清赵翼《廿二史札记》卷四'东汉废太子皆保全'条。"[1] 考该条札记在叙罢东汉史事后，又附尾注云："按西汉昌邑王立为天子，后废为海昏侯，仍以善终，是西汉本无废杀之事。"[2] 辛德勇信以为真，遂引为佐证。而据《汉书·刘荣传》，景帝前元七年十一月，废太子刘荣为临江王，中元二年三月，刘荣又以罪被征至长安，"诣中尉府对簿。中尉郅都簿责讯王，王恐，自杀"。据《史记·酷吏列传》，窦太后闻之甚怒，以危法免郅都归家，景帝乃遣使者即拜郅都为雁门太守，窦太后又以法治之。"景帝曰：'都忠臣。'欲释之。窦太后曰：'临江王独非忠臣邪？'于是遂斩郅都。"此显见刘荣之死是出自景帝的授意。而栗氏外戚被诛，栗姬以忧死。刘荣为太子前后不足三年，就让景帝因担心他的存在会威胁到未来君主的地位，便毫不留情地除掉了他，并尽诛栗氏外戚。而戾太子至太始三年时已为储君二十九年，不仅实力雄厚，而且深得民心，这让武帝如何能容得下他！不过以武帝行事之老练，他当然不会直接杀掉戾太子，从而使自己陷于千夫所指的境地，但既然已与戾太子反目成仇，以武帝之果于杀戮，戾太子被废之后难得善终是可以想见的。

然而尧母门事件后年余，针对戾太子，武帝似乎并未采取什么实质性的行动。究其原因，可能是年过花甲而得少子，让他自觉身体尚健，认为易储之事不必急在一时。并且，他与太子为父子数十年，对太子还是有感情的，让他断然下狠手处置太子，可能有点于心不忍。同时此事操作起来难度颇大。因为一直以来，太子鲜有负面信息流布民间，故若武帝直接废黜太子，纵使理由再充分，百姓也不会接受，而只会认为是这是一个阴谋，因为一个忠孝、仁德的人是绝对不会祸乱国家的。或许有人会认为，

① 辛德勇：《制造汉武帝》（增订本），生活·读书·新知三联书店 2018 年版，第 49 页。

② 赵翼著，王树民校证：《廿二史札记》卷四"东汉废太子皆保全"条，中华书局 1984 年版，第 97 页。

以武帝之强悍，他若一定要废黜太子，谁又能奈他何！然而我们历数武帝之政，可发现当他推行政令时，大都要给自己的行为找出一个冠冕堂皇的理由。究其原因，乃在于他深知要想保有皇权，就必须保持社会的稳定，而要想如此，对于君主而言，一个最基本的要求是，君主本人必须遵守与维护为整个社会所尊奉的那些构成社会稳定的基石的基本价值理念，比如儒家所宣扬的“五常”——仁、义、礼、智、信，就是汉代的普世价值观。具体而言就是对人要有亲爱之心，做事要公平合理，行为要与一定的准则相适合，要言行一致、表里如一。如果这些基本理念得不到尊重与维护，汉代的社会就会陷入混乱。因此武帝虽然握有整个帝国的生杀予夺之权，但却不能公然肆意妄为。所以他要想废黜太子，就必须拿出一个可以让百姓接受的理由。更何况此时的太子羽翼已成，武帝冒然动摇他，可能会让他的集团奋起抗争，从而给武帝带来不测的祸患。但是来自上天的警示却又让他屡屡欲罢不能。

据《汉书·武帝纪》，太始四年七月，“赵有蛇从郭外入邑，与邑中蛇群斗孝文庙下，邑中蛇死”。此事当引起武帝的注意，因为历史上曾发生过类似的蛇斗事件。春秋时期，郑庄公死后，各方势力角力，诸子争位，郑昭公忽、子亹、子仪相继死于非命。据《左传》，鲁庄公十四年，流亡在外的郑厉公突复入。在郑厉公复位前，子仪为君，郑国的国都南门曾发生过被视为妖异之事的蛇斗事件：“初，内蛇与外蛇斗于郑南门中，内蛇死。六年而厉公入。公闻之，问于申繻曰：‘犹有妖乎？’对曰：‘人之所忌，其气焰以取之。妖由人兴也。人无衅焉，妖不自作。人弃常，则妖兴，故有妖。’”

就太始四年发生在赵国的蛇斗事件而言，据《淮南万毕术》云：“蛇无故斗于君室，后必争立，小死小不胜，大死大不胜，小大皆死，皆不立也。"[①] 其兆对应的当为朝廷之事，因为此次蛇斗发生在已故君主文帝庙下，相当于事故发生在"君室"。而江充是赵人，因此《汉书·五行志》认为这是江充将为祸宫廷之谶："后二年秋，有卫太子事，事自赵人江充起。"进一步讲此为君主诸子争位之谶。从历史上的案例及《淮南万毕术》所持的谶理推考，此事预示着武帝他子将与戾太子争立，郭外蛇由外侵入邑内，处于争位，象征要攻取太子之位的武帝他子；邑中蛇处于守位，象征要保有太子之位的戾太子，而最终的结果是郭外蛇战胜了郭内蛇，也就预示着武帝他子战胜了戾太子，故武帝应当欣慰。然而武帝能做此解读，未必戾太子就不能，若如此，颇具实力的戾太子势力为了反制，极有可能率先做出过激之举！

至于与戾太子争位者为何人，宋艳萍认为是武帝少子刘弗陵，"班固记载赵蛇事件的真正目的，其实是映射'尧母门'"，因为"'尧母门'中，赵婕妤为赵人，她生的儿子，最终战胜汉武帝的其他儿子，顺利地当上了皇帝，这和太始四年发生的赵蛇和邑中蛇群相当而最终取胜的现象何其相似"[②]。然而赵婕妤家在河间国而非赵国。当然其地在战国时属赵地，称其为赵人亦无不可。可是中山国战国时也属赵地，而武帝五子昌邑王刘髆的母亲李夫人出自中山国，且其时武帝对李氏外戚的宠幸甚盛，故宋艳萍的看法是值得商榷的。但觊觎太子之位的拥钩弋夫人势力及李氏外戚集团，各自将此解读为此谶预示着己方将争得太子之位，却是有可能的。而这势必会进一步激化各方的矛盾，并严重影响武帝对时局的判断。

---

① 瞿昙悉达编，李克和校点：《开元占经》卷一二〇《龙鱼虫蛇占》，岳麓书社 1994 年版，第 1207 页。

② 宋艳萍：《汉武帝时期的"赵蛇"之谶解析——兼论汉代画像中的"蛇"形象》，《邯郸学院学报》2015 年第 2 期。

据《汉书 · 武帝纪》，太始四年“冬十月甲寅晦，日有蚀之”。此事当引起武帝的重视。日蚀即日食，据《上海博物馆藏战国楚竹书》（五）之《竞建内之》载，齐桓公曾问日食发生的缘故，鲍叔牙答曰：“曷将来，将有兵，有忧于公身。”① 据《左传》，鲁昭公七年，发生日食，士文伯指出该天象的出现反映的是上天对人事的谴责：“不善政之谓也。国无政，不用善，则自取谪于日月之灾。”据《史记 · 文帝本纪》，文帝时针对日食，曾诏称：“谪见于天，灾孰大焉！”

据《汉书 · 五行志》，征和元年夏，“大旱”。此亦属上天的警示。如《尚书 · 洪范》云：“曰僭，恒旸若。”“恒旸”即久晴不雨，属“咎征”。

征和元年冬，又发生搜索奸人事件。据《汉书 · 武帝纪》，该年“冬十一月，发三辅骑士大搜上林，闭长安城门索，十一日乃解”。文颖认为这是“简车马，数军实也”。臣瓒则引据《汉帝纪年》，明确指出这是在搜捕“奸人”：“搜谓索奸人也。上林苑周回数百里，故发三辅车骑入大搜索也。《汉帝年纪》发三辅骑士大搜长安上林中，闭城门十五日，待诏北军征官多饿死。”《汉书 · 艺文志》录有《汉大年纪》五篇，王应麟认为：“《高祖 · 文帝 · 武帝纪》臣瓒注引《汉帝年纪》，盖即此书。”② 张舜徽亦指出：“此乃汉初诸帝大事记也。”③ 考虑到臣瓒的生存年代，“当在西晋”④。故其语颇可采信。《汉书 · 五行志》又云：“是岁发三辅骑士闭长安城门，大搜。”

武帝在上林苑、长安城大搜奸人，“是武帝当时对于肘腋之下的安全

① 陈佩芬考释：《竞建内之》，见马承源主编：《上海博物馆藏战国楚竹书》（五），上海古籍出版社 2005 年版，第 171 页。

② 王应麟：《汉艺文志考证》卷三，见《二十五史补编》（第二册），开明书店 1937 年版，第 1403 页。

③ 张舜徽：《汉书艺文志通释》，湖北教育出版社 1990 年版，第 73 页。

④ 刘宝和：《〈汉书音义〉作者“臣瓒”姓氏考》，《文献》1989 年第 2 期。

也发生了疑问”[1]。而若推考谁为奸人的幕后指使者，虽然武帝认为欲害己者众，但联想到太始四年七月出现的蛇斗之谶，继而发生的预示可能发生非常之事的日食、大旱等异兆，使其更有理由断定这很可能是出自戾太子势力所为。总之，通察武帝除掉戾太子的过程，此次大搜的对象“奸人”，在巫蛊之祸中起到了关键作用，因为正是所搜捕的“奸人”彻底激怒了武帝，使他对卫氏外戚大开杀戒。

而据《汉武故事》，该奸人在建章宫为武帝所亲见：“上又见一男子带剑入中龙华门，逐之弗获。上怒，闭长安城诸宫门，索十二日不得，乃止。”[2]《通鉴》卷二二言之尤详：“上居建章宫，见一男子带剑入中龙华门，疑其异人，命收之。男子捐剑走，逐之弗获。上怒，斩门候。冬，十一月，发三辅骑士大搜上林，闭长安城门索；十一日乃解。巫蛊始起。”若果如此，则此事甚诡异。因为按常理推，若卫氏外戚有意暗害武帝，断不会选在武帝身边有侍卫的情况下贸然派刺客行刺。然而武帝却不循常理考虑，借此径向卫氏外戚大开杀戒，可知他除掉戾太子之心已定，所缺的只是借口而已。而若问设局者为何人，拥钩弋夫人势力及李氏外戚集团皆有可能，而此事可能也为日后武帝相继除掉这两股势力埋下了伏笔。

据《汉书·公孙贺传》，武帝铲除戾太子羽翼的过程，始自抓捕朱安世，“是时诏捕阳陵朱安世不能得，上求之急”。考其原因，是由于朱安世为“京师大侠”，而当时的京师游侠“几乎没有一个不以权贵为靠山”[3]。朱安世既为京师大侠，当与京师权贵过从甚密，故抓捕朱安世或可探知卫氏外戚的阴私，武帝据以惩治卫氏外戚，可收事半功倍之效。但因求之不

① 徐复观：《〈盐铁论〉中的政治文化问题》，见《两汉思想史》（第三卷），华东师范大学出版社 2001 年版，第 74 页。

② 佚名：《汉武故事》，见晁载之：《续谈助》卷三，丛书集成初编本，第 68 页。

③ 劳干：《对于〈巫蛊之祸的政治意义〉的看法》，见台湾《“中央研究院”历史语言研究所集刊》第 57 本第 3 分（1986 年）。

得，遂直接以罪抓捕太仆公孙敬声，剑指公孙贺，强攻卫氏外戚。而公孙贺武人出身，思虑不周，救子心切，竟自请逐捕朱安世以赎公孙敬声之罪。此举正中武帝下怀，因许之，后果得朱安世。据《汉书·公孙贺传》，接下来朱安世即于狱中上书："告敬声与阳石公主私通，及使人巫祭祠诅上，且上甘泉当驰道埋偶人，祝诅有恶言。"其间有个小插曲，即朱安世是被送入狱中后，方才"闻贺欲以赎子"。可知公孙贺为了抓捕朱安世，使用了欺骗的手段，因此惹怒朱安世，不待拷问即告发了公孙敬声。不过公孙贺纵使事前对朱安世有所安抚，以汉朝刑狱之酷，朱安世终究是要交待的。亦即到得此时，公孙贺与朱安世私下是否有交易，都已无伤大局。征和二年正月，公孙贺父子死狱中，其家被族诛。

武帝虽然除掉了公孙贺家族，但同案的阳石公主却没有受到惩处，而据《汉书·江充传》云："会阳陵朱安世告丞相公孙贺子太仆敬声为巫蛊事，连及阳石、诸邑公主。"可知涉案的尚有诸邑公主，然也未被惩处。武帝对此事也未作任何解释，从而充分展现了武帝作为老牌政治家手段的老辣。

武帝此举可能意欲达成三个目的：其一，重创卫皇后、戾太子的声誉。因为公孙贺父子身为卫氏外戚，却犯下死罪，会让世人觉得卫皇后、戾太子难辞其咎，进而可能还会让世人联想到卫氏外戚的其他成员，甚至是卫皇后、戾太子是否也存在过失。其二，让卫氏外戚集团感到惶惑不已。公孙贺家族的覆灭，可能会让卫氏外戚的其他成员感到惶恐，可是若说武帝接下来要向他们下手，为什么将案子只追到公孙贺家族，而放过了阳石公主、诸邑公主？混乱的信息，既让他们忧心不已，又心存侥幸，以至于不知该如何应对。其三，让反卫氏外戚势力跃跃欲试。因为他们可从此案的处理中，推断出武帝很可能已经开始着手清算卫氏外戚集团了，他们尽可倾力攻击太子！

据《汉书·五行志》，当年春，“涿郡铁官铸铁，铁销，皆飞上去”。论者认为“此火为变使之然也”，或认为是“金不从革”所致。五行之中，金之性为“革”，其意为金能顺从人的意愿而改变其形状，如今铁飞而器不成，就是发生异变的表现。但无论哪种解释，都认为这预示着接下来可能要发生非常之事。

三月，武帝提拔涿郡太守刘屈氂为左丞相，封澎侯。由于李广利女为刘屈氂子妻，武帝此举易被解读为他是要以李氏外戚来对付卫氏外戚，这势必会引起卫氏外戚的不安。同时任由公孙敬声与阳石公主私通一事流布民间，成为百姓的笑料谈资，是会有损皇家声誉的。或许有鉴于此，武帝遂借拜刘屈氂为左丞相一事，制诏御史，对公孙贺被诛及提拔刘屈氂的原因进行解释。

据《汉书·刘屈氂传》，诏书称公孙贺被惩治，是因为他“倚旧故乘高势而为邪”，颜师古曰：“帝为太子，贺已为舍人，故云旧故。”是说公孙贺依仗着与武帝的“旧故”关系，利用其权势而作奸犯科。而观其所列公孙贺的罪状甚众，诸如损公肥私、收受贿赂、困扰百姓等，于巫蛊事却只字未提。此可解读为虽然朱安世告公孙敬声犯下与阳石公主私通、祝诅武帝等罪，但武帝并未予以采信，之所以惩处公孙贺，完全是因为他擅权误国，无关其他。并且诏书又说“狱已正于理”，此可解读为此案已结，相关涉案人员不必担心会受到株连。同时也正告天下，此前关于此案的一切流言都是不准确的。至于以自己的侄子刘屈氂为左丞相，武帝说他是在效法“亲亲任贤”的周唐之道，世人不必对此作过度联想。

据《汉书·武帝纪》，当年闰五月，在卫氏外戚猝不及防的情况下，武帝骤然出手，“诸邑公主、阳石公主皆坐巫蛊死”。而据《汉书·戾太子传》，卫青子故长平侯卫伉亦因巫蛊罪“坐诛”。卫子夫的外孙平阳侯曹宗亦当死于此时。据《汉书·曹参传》，曹宗“有罪，完为城旦”。据《汉书·功臣表》，征和二年，曹宗“坐与中人奸，阑入宫掖门，入财赎完为城旦”。然据《史记·曹相国世家》，“征和二年中，宗坐太子死，国除”。据《汉书·五行志》，征和二年，“巫蛊事兴，帝女诸邑公主、阳石公主、丞相公孙贺、子太仆敬声、平阳侯曹宗等皆下狱死”。故沈家本认为曹宗“或免侯之后复坐太子事死于狱也”[①]。卫青的亲信因杅将军公孙敖亦当被族诛于此时。据《汉书·武帝纪》，天汉四年，公孙敖击匈奴，不利而还，“太始元年春正月，因杅将军敖有罪，要斩”。故《汉纪》《资治通鉴》皆将公孙敖被诛事书于太始元年正月，并云其坐妻为巫蛊腰斩。而据《汉书·卫青霍去病传》，公孙敖“至余吾，亡士多，下吏，当斩，诈死，亡居民间五六岁。后觉，复系。坐妻为巫蛊，族”。据此，《大事记解题》卷一二将此事书于征和二年闰月，云公孙敖与诸邑公主等“皆坐巫蛊诛”。理由是：“敖既卫氏党，所坐巫蛊，必与曹宗、卫伉事相连同诛，是时去余吾之战已五六年矣。当以《传》为正。”

针对武帝自征和二年正月至闰五月的杀戮，易佩绅指出：“此杀皇后、太子之渐也。公孙贺之族，后姻党也；诸邑、阳石两公主，后所生也；长平侯伉，后弟卫青之子也。初以卫后之宠废陈后，遂宠及卫氏姻党，至卫后宠衰而姻党先诛矣，次及两公主矣，后与太子其能保乎！”[②] 所以巫蛊之祸的爆发，表面上看似偶然，然通察整个过程，“人们有理由相信这是一场有预谋的针对卫氏集团的一次公开的政治斗争。也就是说，在此之前，各方势力其实早已暗流涌动，矛盾和斗争已积聚很久，朱安世案不过是将整个斗争公开引爆而已”[③]。

---

① 沈家本撰，邓经元、骈宇骞点校：《汉律摭遗》卷一六《历代刑法考》，中华书局1985年版，第1665页。

② 易佩绅：《通鉴触绪》卷八，清光绪刻本。

③ 成祖明：《内部秩序与外部战略：论〈轮台诏〉与汉帝国政策的转向》，《清华大学学报（哲学社会科学版）》2016年第2期。

在剪除掉卫氏外戚集团的骨干力量之后，武帝幸甘泉宫，幕后操控除掉已形同困兽的卫皇后、戾太子母子事宜。在此过程中，由于江充表现得相当活跃，故田余庆对江充的史事进行了深入剖析，认为在巫蛊之狱中，“江充充当了深酷用法的臣僚的代表，秉承武帝意旨，凭借党与的优势，用非常手段摧毁以卫太子为代表的‘守文’的政治势力，这也许就是巫蛊之狱的实质”①。因《汉书·杜周传》云：“周中废，后为执金吾，逐捕桑弘羊、卫皇后昆弟子刻深，上以为尽力无私，迁为御史大夫。”成祖明认为这显示“卫氏家族与用法之臣的矛盾非独江充。冲突既生，用法之臣为武帝身后存亡安危或前途计，废后易储自然是他们所期望之事”②。

然征诸史实，戾太子与武帝用法之臣的关系并非如田余庆、成祖明所言，紧张到了势不两立的地步。如张汤、暴胜之、田仁皆为酷吏，然而据《汉书·张安世传》，张汤之子张贺“幸于卫太子”。张汤另一子张安世少为郎官，张汤自杀后，“上惜汤，复稍进其子安世”。是知张安世是张汤在世时做的郎官，张贺为张安世兄，则其入太子宫亦当在张汤在世时。据《汉书·刘屈氂传》，田仁在巫蛊之祸中放走了戾太子，刘屈氂为此欲斩田仁，却为暴胜之所阻：“太子军败，南奔覆盎城门，得出。会夜司直田仁部闭城门，坐令太子得出，丞相欲斩仁。御史大夫暴胜之谓丞相曰：‘司直，吏二千石，当先请，奈何擅斩之？’”

倒是由于武帝多疑擅杀，使这批人在其治下惶惶不可终日。如杜周以打击桑弘羊、卫皇后家族子弟不遗余力而被迁官御史大夫，然而接下来武帝又借田仁之手，打击杜周的势力。据《史记·田叔列传》，褚少孙称当时河南、河内太守皆为杜周的“父兄子弟”，田仁为丞相长史，先刺举三

① 田余庆：《论轮台诏》，《历史研究》1984年第2期。

② 成祖明：《内部秩序与外部战略：论〈轮台诏〉与汉帝国政策的转向》，《清华大学学报（哲学社会科学版）》2016年第2期。

河，“三河太守皆下吏诛死”。而《汉书·杜周传》则称杜周“列三公，而两子夹河为郡守”，是知被诛死的应该是杜周的两个儿子。及至武帝晚年，诛戮尤甚。如《汉书·江充传》云：“是时，上春秋高，疑左右皆为蛊祝诅，有与亡，莫敢讼其冤者。”《汉书·戾太子传》称“是时，上春秋高，意多所恶，以为左右皆为蛊道祝诅，穷治其事。”《汉书·苏武传》载李陵语称“陛下春秋高，法令亡常，大臣亡罪夷灭者数十家”。所以就当时情势来说，若武帝驾崩而戾太子继位，对许多用事大臣而言，未始不是一件好事。

成祖明认为武帝晚年，“由于连年用兵，人民不堪重负，各地民变此起彼伏。武帝不得不依重用法之臣暴力镇压。用法之臣既为武帝所依重，对卫氏集团的打击就无所顾及，不遗余力”。并且从朱安世被抓到阳石公主等被处死的经过，“可见用法之臣对卫氏的穷治”[①]。然而史实并不支持成祖明的论断。据《汉书·公孙贺传》，武帝急求朱安世却不能得，赖公孙贺之力方才如愿：“是时诏捕阳陵朱安世不能得，上求之急，贺自请逐捕安世以赎敬声罪。上许之。后果得安世。”并且在巫蛊之狱中，自征和元年到征和三年武帝连续更换了常、信、意等三任廷尉，显见常与信的表现并不如武帝之意。据《汉书·田千秋传》，武帝后来回忆巫蛊之祸称：“巫蛊始发，诏丞相、御史督二千石求捕，廷尉治，未闻九卿廷尉有所鞫也。”显见不仅是廷尉，就是朝廷其他官员对查办巫蛊事也不积极。

究其原因，用事官员们与武帝离心离德是其一。另外，乃在于尽管可能有官员意欲动摇太子之位，在离间武帝父子关系方面不遗余力，但真到图穷匕见之时，却不能不犹豫。因为疏不间亲，率尔而为，主动卷入皇室

① 成祖明：《内部秩序与外部战略：论〈轮台诏〉与汉帝国政策的转向》，《清华大学学报（哲学社会科学版）》2016 年第 2 期。

纷争，很可能会为自己招致不测之祸。远且不提，只看景帝时的储位之争就足以令人胆寒。

其时许多官员因卷入储位之争，多不得善终。如丞相周亚夫因反对景帝废黜太子刘荣，遂与景帝交恶，终被罢相，并呕血而死。郅都倒是承景帝意逼死了废太子刘荣，但因得罪了太皇太后窦氏而被处死。其间梁王刘武觊觎储君之位，却为袁盎等大臣所阻，刘武怨恨之下，遣刺客刺杀了袁盎等十余位大臣。

所谓殷鉴不远，谁敢贸然重蹈覆辙？更何况如今的储位之争中，武帝为人冷酷多疑、果于杀戮；太子刘据实力雄厚，爪牙甚众；拥武帝其他诸子的势力又虎视眈眈，情势之凶险、复杂较之景帝时有过之而无不及！所以纵使是与戾太子及卫氏有仇的江充，在武帝诛除阳石公主等之前也未敢跳出来拨弄是非。

方诗铭认为李广利的妹妹李夫人“应是当时所说‘邯郸倡’之流”。武帝晚年李广利、刘屈氂、莽何罗即马何罗兄弟、江充、商丘成等构成了“李氏集团”。之所以这样说，是因为李广利、刘屈氂俱出中山，又是姻亲；莽何罗兄弟原籍邯郸，中山原属赵国，据此认为他们与李广利有乡里关系，故莽何罗兄弟也属李氏集团。而江充是邯郸人，还与莽何罗兄弟熟识，遂认为江充“参加李氏政治集团是很自然的”，并指出这些人有着“共同的政治阴谋”，认为这一点“更重要”①。方诗铭以同乡之故将诸人归为一个集团，辛德勇认为这一看法很勉强。如就江充与莽何罗兄弟的关系而言，他们虽同为邯郸人，但据史载莽何罗家武帝时已徙居关中扶风茂陵，该地与邯郸相隔很远，“并没有任何证据，显示这两兄弟与江充有任

① 方诗铭：《西汉武帝晚期的“巫蛊之祸”及其前后——兼论玉门汉简〈汉武帝遗诏〉》，《上海博物馆集刊》（总第4期），上海古籍出版社1987年版，第358—359页。

何来往；甚至在江充进京之前，莽何罗、莽通兄弟与其是否相互知晓都无从了解，可能根本就一无所知”。就江充与李广利的关系而言，由于中山与邯郸的距离相当遥远，“在当时的交通条件下，这江、李两家很难产生任何联系，更根本不可能单单赖此形成密切的关系”。方诗铭称李广利的妹妹李夫人应是当时所说的“邯郸倡”之流。辛德勇认为“这实际上是硬要拉近江充和李夫人家族之间的空间距离”。但同样难以成立。莽何罗兄弟与李夫人一家的关系同样如此。由于古人重乡里之情，辛德勇言辞虽辩，却不能否认存在着这样一种可能，即纵使以上诸人起初并没有什么联系，但这并不影响他们在长安以乡里关系为媒介建立密切关系。只是若没有其他证据支撑，仅凭乡里关系确实是不足以断定某些人是否属于同一集团，因为虽为乡里却隶属不同阵营或反目成仇的事情史不绝书。这也是方诗铭又特强调这些人有着“共同的政治阴谋”的原因，对此辛德勇也不赞同，认为此属“违反正常认知程序的循环论证”，亦即方诗铭用论点的真实性来论证论据的真实性，并且依照方诗铭的思路，具体剖析巫蛊之变过程中江充等人的行为，也得不出方诗铭所提出的观点。①

梳理《汉书·刘屈氂传》所载戾太子起事后的史事，可知侍郎莽通是以使者身份出使长安，其任务是调拨军事力量交给大鸿胪商丘成指挥，不料在入城时遇到了戾太子派如侯征发的长水及宣曲胡骑，遂斩如侯，并引胡骑入长安，加入平叛活动：“使长安囚如侯持节发长水及宣曲胡骑，皆以装会。侍郎莽通使长安，因追捕如侯，告胡人曰：‘节有诈，勿听也。’遂斩如侯，引骑入长安，又发辑濯士，以予大鸿胪商丘成。”故后来“长安男子景建从通获少傅石德”。而商丘成很可能是因有使者在侧，故不得

① 辛德勇：《谈谈所谓“卫氏集团”和“李氏集团”》，微信公众号：辛德勇自述，2018 年 11 月 23 日，https：//mp. weixin. qq. com/s/GL5WBWVeIwY3NWdAYWzMqQ

不“力战”。征和三年武帝杀戮李氏外戚，莽何罗兄弟并不紧张，及至后来武帝清算江充，莽何罗兄弟才担心被武帝除掉。如《汉书·金日磾传》云：“初，莽何罗与江充相善，及充败卫太子，何罗弟通用诛太子时力战得封。后上知太子冤，乃夷灭充宗族党与。何罗兄弟惧及，遂谋为逆。”是知江充、莽何罗等皆非李氏外戚之党，自然他们与李氏外戚也没有什么共同的政治阴谋。该传又云：“日磾视其志意有非常，心疑之，阴独察其动静，与俱上下。何罗亦觉日磾意，以故久不得发。”显见莽何罗一有谋逆之心，为金日磾所发现，而莽何罗也很快便发现金日磾窥到其意图。对此，张继昊认为这可能是因为他们本就不属于一个集团，所谓：“焉知……双方本即各有立场呢?”当然，张继昊认为江充、莽何罗、莽通等，“应可解读为支持昌邑（哀）王髆的李系人马”[①]，但事实并不支持这种看法。

所以我们不能因为江充有用法的背景，就将他的参与视为反映了两个路线的斗争，他也不是李氏外戚集团的成员。并且江充也不在武帝的计划之内，因为“扶持一个新起的外戚打击另一个正在得势的外戚”[②]，是武帝惯用的伎俩，此次他将刘屈氂召至长安，就是意图借刘屈氂之手废黜戾太子。

江充能介入其中，乃在于他窥测到武帝的心思后，从自己的安危考虑，积极争取所致。当然从江充善于投机的个性看，其主动参与到皇室的纷争中，除了要保命之外，可能他还从中看到了难得的机遇，但因史有阙略，不好做过多联想。如果稍做推求的话，江充可能与莽何罗等将宝押在

① 张继昊：《汉武帝将立其子而杀其母说法的检讨——兼论汉武帝的皇位继承问题》，《空大人文学报》2003 年 12 月第 12 期。

② 陈启喆：《“巫蛊之祸”中外戚、权臣势力消长的考证——以〈史记〉、〈汉书〉为中心》，见《西南古籍研究》（2011 年总第九期），云南大学出版社 2012 年版，第 169 页。

了武帝少子刘弗陵的身上，因为随着时间推移，武帝欲以少子为继承人的意图可能已被在宫中的一些近臣如莽何罗等窥伺到，这也就是说江充等可能是属于拥钩弋夫人一系的。

既然如此，武帝在除掉公孙贺家族后，又观望了一段时间，见无人出头为自己卖命，何以提拔涿郡太守刘屈氂为左丞相，意欲借李氏外戚之手来完成他除掉戾太子的心愿，而不是借拥钩弋夫人势力的力量呢？合理的解释是拥钩弋夫人势力不如李氏外戚强大，不足以当此重任。由于除掉卫氏外戚和戾太子于李氏外戚有大利，这决定了刘屈氂在处理此事时不可能不尽力。当然，刘屈氂出于各种考虑会难如武帝之意，但刘屈氂起码不会坏他的事儿。

总之，武帝在敏感时期任用刘屈氂为左丞相，应该是深思熟虑的结果。有人认为刘屈氂能为丞相，“可能即是出于李广利的推荐”[①]。然据《史记·卫将军骠骑列传》，武帝最忌臣下操持朝廷的人事任免之权：“自魏其、武安之厚宾客，天子常切齿。”据《汉书·公孙弘传》，公孙弘为相后，曾“起客馆，开东阁以延贤人，与参谋议。……其后李蔡、严青翟、赵周、石庆、公孙贺、刘屈氂继踵为丞相。自蔡至庆，丞相府客馆丘虚而已，至贺、屈氂时坏以为马厩车库奴婢室矣”。故何焯云：“武帝雄猜，拔擢一人，必欲恩自己出，丞相犹不敢荐士，况为将握兵者乎！”[②] 所以当年以卫青、霍去病之尊贵，亦不敢在这方面置喙，李广利又如何敢公然为刘屈氂讨要位极人臣的丞相之位，尤其是当此政局动荡之际！成祖明认为此

① 方诗铭：《西汉武帝晚期的“巫蛊之祸”及其前后——兼论玉门汉简〈汉武帝遗诏〉》，见《上海博物馆集刊》（总第 4 期），上海古籍出版社 1987 年版，第 359 页。

② 何焯著，崔高维点校：《义门读书记》卷一七《前汉书列传》，中华书局 1987 年版，第 290 页。

“可见李氏集团与力焉”[①]，但将李氏外戚的参与理解为武帝利用所致，可能更符合史实。至于韩树峰推测“刘屈氂可能是公孙贺案的发动者之一，客观上帮助武帝打击了卫氏集团，因此武帝将其擢升为丞相”[②] 并不合理，因为当时其尚在涿郡为太守，远离权力中心，如何在“客观上帮助”疑忌心理甚重的武帝挑战当权的丞相公孙贺？

事实上，刘屈氂由于与李广利是儿女亲家，身份敏感，为避免给人落下其是要借机除掉戾太子助昌邑王刘髆上位的口实，从而招致不测之祸，其在应对武帝父子纠葛的过程中，表现得相当谨慎小心。

考戾太子举事是在“七月壬午”，当日戾太子使使者收捕江充等，韩说拒捕被诛，章赣、苏文逃归，江充被捕。是夜戾太子使舍人无且入未央宫与卫皇后商议发兵，然后发中厩车载射士，出武库兵，发长乐宫卫，告令百官江充反。继而斩江充以徇，炙胡巫上林中。也就是说自七月壬午起，长安已大乱，其斩江充、炙胡巫已是次日的事情了。然而在此过程中，刘屈氂却无任何作为。而据考证：“太子居北宫，在武库北；丞相刘屈氂居丞相府，在武库南。”[③] 若此言非虚，则两处相距不远，故壬午日戾太子的所作所为，刘屈氂不可能不知道，然而却不见他有所应对。显见他是巴不得戾太子把事情闹大，从而使戾太子永无翻身的机会，用心可谓极其险恶。并且据《汉书·戾太子传》，戾太子攻刘屈氂，是在处理过以上诸事之后：“遂部宾客为将率，与丞相刘屈氂等战。”则刘屈氂不可能不作防备，然而据《汉书·刘屈氂传》，戾太子的士卒却轻易攻入了丞相府，刘屈氂挺身而逃，仓促之中甚至把印绶都弄丢了：“其秋，戾太子为江充

---

① 成祖明：《内部秩序与外部战略：论〈轮台诏〉与汉帝国政策的转向》，《清华大学学报（哲学社会科学版）》2016 年第 2 期。

② 韩树峰：《论巫蛊之狱的性质——以卫太子行巫蛊及汉武帝更换继嗣为中心》，《社会科学战线》2015 年第 9 期。

③ 曲柄睿：《巫蛊之祸作战路线考》，《史原》2014 年复刊第 5 期。

所谮，杀充，发兵入丞相府，屈氂挺身逃，亡其印绶。”刘屈氂此举可能是意在显示戾太子起事的事情，是直到戾太子发兵攻丞相府时，他才知道的，此前并不知情，这可以解释戾太子七月壬午已举事，何以当日他不派使者向武帝报告。刘屈氂逃出之后，不是发兵平叛，而是将工夫用在封锁消息上，同时派人向武帝汇报：“是时上避暑在甘泉宫，丞相长史乘疾置以闻。上问：‘丞相何为？’对曰：‘丞相秘之，未敢发兵。’”这可以理解为他从国家大局出发，不希望把事情闹大，造成不可收拾的局面，以至于损伤皇家的声誉，动摇皇朝的统治。从而“把自己打扮成为一个不但与这次祸乱无关，而且是回护戾太子刘据的人物，从而将这次祸乱的责任全部推到太子身上，以激起汉武帝的‘震怒’”①。

由于戾太子反事已彰，刘屈氂却还在试图息事宁人，这势必会让武帝恼怒，而据《汉书·刘屈氂传》，武帝也确实很生气：“事籍籍如此，何谓秘也？丞相无周公之风矣。周公不诛管蔡乎？”然而对于刘屈氂而言，不如此就不能彰显他的公忠体国之心，所以纵使惹怒武帝他也在所不惜。事实上，激怒武帝正是他的目的，因为只有这样才能向天下彰显他的清白，即他无意除掉戾太子，他所做的一切都是出于武帝的指令！武帝在批评过刘屈氂之后，又赐其玺书，明确要求他镇压戾太子：“捕斩反者，自有赏罚。以牛车为橹，毋接短兵，多杀伤士众。坚闭城门，毋令反者得出。”至此，刘屈氂被动服从的态势遂成，所有顾虑尽除：“由于他已抓到了汉武帝这面大旗，戾太子刘据的命运也就被确定了。”方诗铭进而将此解读为“这是李氏集团精心设计的险谋”。并认为巫蛊之祸是“李氏集团发动，

① 方诗铭：《西汉武帝晚期的“巫蛊之祸”及其前后——兼论玉门汉简〈汉武帝遗诏〉》，见《上海博物馆集刊》（总第4期），上海古籍出版社1987年版，第362页。

向卫氏集团进攻的政治事件”[①]。其实方诗铭自己也指出巫蛊之祸从征和元年冬就开始了，刘屈氂介入是在征和二年三月，此前公孙贺家族已被武帝诛除；江充更是在当年闰五月，武帝除掉阳石公主等卫氏外戚骨干力量之后方才介入其中。亦即巫蛊之祸是由武帝发动，刘屈氂、江充协助推进的一个政治事件。在此过程中，参与各方既相互配合、利用，同时又相互疑忌、防备。

就刘屈氂而言，他的种种作为不过是反映了他在应对此事的过程中，如履薄冰、战战兢兢的心态而已，实说不上是什么“李氏集团精心设计的险谋”。辛德勇将刘屈氂在戾太子起事之初表现出的“犹豫不决”，理解为刘屈氂“明显是在坐观太子据的成败”[②]，显然未揣摩透刘屈氂的用心，远不如王夫之的剖析更接近历史的真相：“刘屈氂之攻戾太子也，非果感于周公诛管、蔡之言而行辟也。武帝曰：‘丞相无周公之风矣。’其词缓，未有督责屈氂之意，则陈大义以责太子而徐为解散也，岂繄无术？而必出于死战，此其心欲为昌邑王地耳。太子诛，而王以次受天下，路人知之矣。其要结李广利，徇姻亚而树庶孽，屈氂之慝，非一日之积矣。”[③]

虽然武帝废黜戾太子之意已甚明，但韩树峰却不认为武帝有废黜戾太子之意：“汉武帝在此案中并无废黜卫太子的打算，而是意欲清除卫氏集团，以避免母后、外戚干政，为卫太子日后执政扫清障碍。”[④] 若果如此，武帝在接下来的清洗活动中就应该将戾太子与卫皇后区别开来，可是武帝一到甘泉宫便同时切断了与卫皇后、戾太子的联系。如据《汉书·戾太子

---

① 方诗铭：《西汉武帝晚期的“巫蛊之祸”及其前后——兼论玉门汉简〈汉武帝遗诏〉》，见《上海博物馆集刊》（总第4期），上海古籍出版社1987年版，第359—362页。

② 辛德勇：《海昏侯刘贺》，生活·读书·新知三联书店2016年版，第80—81页。

③ 王夫之：《读通鉴论》卷三《刘屈氂攻戾太子为昌邑王地》，见《船山全书》（第10册），岳麓书社1988年版，第150—151页。

④ 韩树峰：《论巫蛊之狱的性质——以卫太子行巫蛊及汉武帝更换继嗣为中心》，《社会科学战线》2015年第9期。

传》，石德称："且上疾在甘泉，皇后及家吏请问皆不报。"与此同时，武帝却与江充保持着通畅的联系。

据《汉书·江充传》，武帝幸甘泉后疾病，江充因"奏言上疾祟在巫蛊"，武帝于是命他"为使者治巫蛊"。时江充因罪免官，远离统治核心，自是无缘随侍甘泉，然而他却能够知道武帝患病的确切信息，并能对武帝的病因做出判断，可知他在甘泉一定有可靠的消息源。由于江充与侍中仆射莽何罗"相善"，戾太子起兵反抗后，武帝又派莽何罗的弟弟侍郎莽通出使长安，及乱后江充宗族被夷灭，莽何罗兄弟遂担心与江充关系密切而被诛，可知武帝知道莽何罗兄弟与江充的关系，因此我们有理由怀疑武帝患病的消息可能是莽何罗兄弟透露给江充的。当然由于武帝工于权谋，他是不会明确指示江充除掉戾太子的。所以江充治蛊先在民间展开，"江充这样做，其意一是为了避免打草惊蛇，招致卫太子的反制；同时也含有揣摩武帝的心思的想法。因为虽然他已窥测到武帝意欲废黜太子，但此事做到什么程度，武帝并没有明言，所谓天威难测，过与不及都是不可取的，他需要边做边观察武帝的反应，以确保自己每一步行动都与武帝的意愿相符"①。据《汉书·戾太子传》，江充见武帝对自己的举措并无不满，接下来又"白言宫中有蛊气"，其意就在于向武帝请示是否向卫后、戾太子下手，而武帝则允许他入宫治蛊。为了使工作得以顺利展开，武帝又"使按道侯韩说、御史章赣、黄门苏文等助充"。

据《汉书·江充传》，由于得到了武帝的授权，江充等入宫治蛊，矛头直指卫后、戾太子："先治后宫希幸夫人，以次及皇后，遂掘蛊于太子宫，得桐木人。"当然班固继而亦言："后武帝知充有诈，夷充三族。"观此似乎武帝确实是受了江充的欺骗，然而被武帝派来协助江充的三个人

① 李峰：《巫蛊之祸：西汉中期政坛秘辛》，河南大学出版社 2015 年版，第 31 页。

中，韩说佞幸于武帝，而苏文为宦官，武帝派他们来助江充，定会有明确的授意，如就韩说而言，其人“不仅是巫蛊事件的参与者，而且应是直接秉承武帝旨意的帮凶。……也正由于韩说的特殊身份，深知武帝的用意，才能在掘蛊太子宫后，太子假传诏书收捕韩说、江充等时，韩说‘疑使者有诈，不肯受诏’，而江充则不能”[①]。结果江充束手就缚，韩说则被格杀。而章赣、苏文亦当因悉知武帝欲除戾太子之意，而知持节收捕他们者之言有诈，故皆拒捕，章赣被创突亡，苏文也逃脱。所以若武帝无意除掉戾太子，在韩说等人的监督下，江充定不敢冒犯戾太子。因此韩树峰称：“我们可以肯定地说，所谓太子行巫蛊，确实出于江充的陷害，巫蛊之狱作为一场冤狱，是板上钉钉的铁案。”[②] 然通察武帝的行事，此语只是说对了一半，正确的断语应该是：“所谓太子行巫蛊，确实是在武帝授意下出于江充的陷害。”嗣后太子兵败逃亡，追捕不得。据《汉书·戾太子传》，壶关三老茂上书为戾太子讼冤，“书奏，天子感寤”。然武帝仍不肯诏停对太子的搜捕，最终太子命丧湖县。

细绎太始、征和之际的史事，可知武帝发动巫蛊之狱曾经历了一个矛盾而复杂的心路历程，而各利益攸关方也是各怀心思并深度介入其中。考诸方用心，武帝意在更换继嗣，李氏外戚觊觎戾太子之位，江充则是为了保全性命且可能想抓住新的机遇，然而诸方虽然各怀心思，但在除掉戾太子一事上利益则高度一致，于是相互利用，共同对付戾太子，遂促成巫蛊之祸的发生。

---

① 吴刚：《“巫蛊之祸”新探》，《中国史研究》1993 年第 2 期。

② 韩树峰：《论巫蛊之狱的性质——以卫太子行巫蛊及汉武帝更换继嗣为中心》，《社会科学战线》2015 年第 9 期。

三、巫蛊之祸中戾太子的被动应对

征和年间，面对武帝咄咄逼人的攻势，戾太子一直采取守势，隐忍以对。此固然与武帝手段老辣关系甚大，同时也与《通鉴》所言的戾太子“性仁恕温谨”“敦重好静”有关。

因《汉书·戾太子传》称戾太子：“及冠就宫，上为立博望苑，使通宾客，从其所好，故多以异端进者。”《通鉴》卷二二论及此事云：“古之明王教养太子，为之择方正敦良之士以为保傅、师友，使朝夕与之游处。左右前后无非正人，出入起居无非正道，然犹有淫放邪僻而陷于祸败者焉。今乃使太子自通宾客，从其所好。夫正道难亲，谄谀易合，此固中人之常情，宜太子之不终也！”辛德勇也将此作为太子性情并非仁恕温谨的例证：“众宾客‘以异端进’使太子据得以‘从其所好’，这显示出戾太子绝非《通鉴》所说‘性仁恕温谨’或是‘敦重好静’之人。”又称：“审读《汉书》相关记载，我们可以看到，在戾太子身边，不仅看不到‘宽厚长者’附从于身后的迹象，反倒是因戾太子招致诸多歹人，从而给他制造了致命的麻烦。”① 成祖明据《戾太子传》这段话进行推理：“也就是说，太子集团恐仅非宽厚长者。后来参与兵变的无且、张光等人很可能就是这些所谓以异端进者的宾客。从后来整个事件的发展看，在这些太子宾客中竟无一人极力谏阻太子而与之共同起事，除整个集团和武帝集团之间的矛盾确已存在外，也与这些人的禀性有关。”② 显见辛德勇、成祖明等与司马光一样是把“异端”理解为歹人了。

① 辛德勇：《制造汉武帝》（增订本），生活·读书·新知三联书店 2018 年版，第 50—51 页。
② 成祖明：《内部秩序与外部战略：论〈轮台诏〉与汉帝国政策的转向》，《清华大学学报（哲学社会科学版）》2016 年第 2 期。

实则“异端”一词出自《论语·为政》：“子曰：‘攻乎异端，斯害也已。’”指儒家以外的其他学说、学派。就汉朝而言，武帝推崇儒学，表彰六经，排斥申、商、韩非、苏秦、张仪之学，故此处所谓的“异端”所指与《论语》同。但由于武帝时期是一个进取的时代，儒家学说并不能完全满足时代的需要，因此宗奉其他学说的智能之士在政坛也相当活跃。故《史记·龟策列传》云：“至今上即位，博开艺能之路，悉延百端之学，通一伎之士咸得自效，绝伦超奇者为右，无所阿私。”《汉书·公孙弘卜式儿宽传》赞语也称武帝之时，“群士慕向，异人并出”。故戾太子好“异端”与武帝“悉延百端之学”并无不同，都是时代需要使然，不能一概斥为歹人。王子今将戾太子的宾客“多以异端进者”，理解为“刘据身边当时已经聚集了一批有政治眼光和政治能力的人”①。无疑是正确的。而观戾太子生前的交往群体及其言行举止，其去世后，三老茂、高寝郎田千秋先后为其讼冤，丙吉受诏治巫蛊郡邸狱，心知太子无事实等事，使我们有理由相信《通鉴》卷二二“群臣宽厚长者皆附太子”的说法并非空穴来风。且戾太子忧急之时，首先问计于太子少傅石德，而石德是由武帝任命来辅佐戾太子的，并不预所谓的“异端”之数。

据《汉书·江充传》称江充等从戾太子宫中掘出桐木人：“充既知上意，因言宫中有蛊气，先治后宫希幸夫人，以次及皇后，遂掘蛊于太子宫，得桐木人。”《汉书·戾太子传》亦称：“充遂至太子宫掘蛊，得桐木人。”故辛德勇认为戾太子“以桐木人偶诅咒汉武帝速死，当属事实”②。又称：“像《汉书》这样严谨的历史著作，其最基本、也是最为首要的功能，当然是如实记述史事。在有关巫蛊之案侦办与被告双方人物的传记

---

① 王子今：《晚年汉武帝与“巫蛊之祸”》，《固原师专学报（社会科学）》1998 年第 5 期。
② 辛德勇：《制造汉武帝》（增订本），生活·读书·新知三联书店 2018 年版，第 51 页。

里，都决然不见江充暗设计谋来诬陷太子据埋设桐木偶人以行蛊术的记载，清楚显示出这是一件在太子宫内实实在在发生了的事情，并非无中生有。”①

然而以常理揣度，设若戾太子果真为巫蛊祝诅武帝，后见武帝严查巫蛊事，为求自保，戾太子也当及早挖出所埋之蛊，并且也有机会做这样的事情。

可是江充等还是在太子宫掘出了蛊，这可能宫中本就有蛊，但非戾太子所为。据《汉书·田千秋传》，征和四年，田千秋为丞相后，曾率群臣劝慰武帝，武帝回应称：“曩者，江充先治甘泉宫人，转至未央椒房，以及敬声之畴、李禹之属谋入匈奴，有司无所发，今丞相亲掘兰台蛊验，所明知也。至今余巫颇脱不止，阴贼侵身，远近为蛊，朕愧之甚，何寿之有?”辛德勇认为：“这些话等于是说江充虽然另有图谋，醉翁之意本不在酒，但太子据行用巫蛊，实亦确有其事。”② 实则武帝这段话并非是说戾太子确实有为蛊诅咒自己事，而是说巫师在宫中活动猖獗，为蛊成风，自己起用江充治蛊，然而江充却与巫师在宫中狼狈为奸，另外公孙敬声、李禹等人与胡巫谋划叛逃匈奴，所有这一切官员都无所发举。事实上宫中是有蛊的，现在丞相田千秋就亲自在兰台掘出了蛊，这是大家都清楚的，因此当年追查巫蛊事不是没有原因的。就此事而论，由于戾太子宫中侍从甚众，若有人出于自身的考虑暗中埋蛊祝诅他人也是有可能的。

同时，这也可能是江充等所置，但辛德勇却认为江充不可能这样做。因为辛德勇对江充以往行事进行梳理，得出了江充行事有原则的结论：

---

① 辛德勇：《汉武帝太子据施行巫蛊事述说》，见《制造汉武帝》（增订本），生活·读书·新知三联书店2018年版，第137页。

② 辛德勇：《汉武帝太子据施行巫蛊事述说》，见《制造汉武帝》（增订本），生活·读书·新知三联书店2018年版，第166页。

“我们看江充其人以前做过的事情，并没有发现他强行以栽赃手段诬陷他人的先例。”遂认为江充“未必会通过制造赃证来构陷太子据”[①]。

但辛德勇显然忽略了一条反证。据《汉书·江充传》云：“是时，上春秋高，疑左右皆为蛊祝诅，有与亡，莫敢讼其冤者。”据此可知武帝身边的近臣亦深为武帝所疑忌，其中颇有被江充所穷治者，其中的“有”，当是有行巫蛊之事，但非祝诅武帝，却被诬陷为祝诅武帝，因此有“冤”，否则若确实有行巫蛊祝诅武帝之事，则何冤之有，需要讼之？其中的“亡”，当是无行巫蛊祝诅之事，却被栽赃诬陷为有其事且是祝诅武帝，故而亦“冤”。故江充借治蛊无中生有、栽赃陷害自己的政敌，或是除掉武帝疑忌之人以迎合上意，都是有可能的，自然辛德勇的看法是值得商榷的。

并且纵使江充此前并无栽赃陷害他人之举，也不能保证此次他不会这样做，因为此次事件对他关系重大，非同寻常。但辛德勇认为这是不可能的，因为“堂堂太子宫中，江充如何能够派遣私人径行阑入？”并且武帝特派韩说等人来协助并监督江充，以防止江充“恣意妄为”[②]。

然而反证是在江充等控制掘蛊现场的情况下，胡巫一人即可为奸，何需派私人阑入！至于韩说等人，戾太子后遣其客来却要将他们与江充一并抓捕，显见当是由于韩说等扮演了江充的帮凶的角色而非持中立的态度之故。故辛德勇的推理与实情并不相符。

据《汉书·戾太子传》，石德论及江充在戾太子宫中掘得桐木人事称“不知巫置之邪，将实有也，无以自明”。辛德勇认为这是“石德故意为戾

---

① 辛德勇：《汉武帝太子据施行巫蛊事述说》，见《制造汉武帝》（增订本），生活·读书·新知三联书店 2018 年版，第 144—145 页。

② 辛德勇：《汉武帝太子据施行巫蛊事述说》，见《制造汉武帝》（增订本），生活·读书·新知三联书店 2018 年版，第 141—142 页。

太子开脱”，“而戾太子并没有当面否认他有埋藏桐人的举措，这就说明他以桐木人偶诅咒汉武帝速死，当属事实”[①]。

对此，韩树峰认为：“从当时情形分析，石德、太子之间的问答事属机密，不可能在众目睽睽、大庭广众之下进行。太子是否诅咒过武帝，两人心照不宣，在这种情况下，石德既无必要为太子开脱，太子亦无必要在石德面前洗刷自己，以证清白。将此语与‘无以自明’结合起来分析，石德意在说明，太子无法在武帝面前证明巫蛊之事是江充陷害，还是自己所为。”[②]

事实确实如此，如《汉书·蒯伍江息夫传》赞语称：“江充造蛊，太子杀。”但辛德勇通过梳理江充入宫治蛊的过程，指出所谓“造蛊”意为“江充之所造，是制造巫蛊之祸，而不是埋置巫蛊之具——桐木偶人”[③]。然而班固在《汉书·蒯伍江息夫传》赞语中又说江充此举属“自小覆大，由疏陷亲”。也就是说，在班固看来巫祸之祸中戾太子是受到了江充的陷害的，所谓“造蛊”指的就是栽赃陷害，否则若戾太子确实有埋蛊诅咒武帝之事，何来“陷亲”之说？

《汉书·田千秋传》称田千秋上急变为太子讼冤曰：“子弄父兵，罪当笞；天子之子过误杀人，当何罪哉！臣尝梦见一白头翁教臣言。”因其中未言及巫蛊事，辛德勇遂认定：“这也显示出在田千秋看来，太子据在行用巫蛊一事上，亦并非无辜。”[④] 实则并非如此。据学者研究，《汉书》虽然保存了大量的汉代篇籍，被视为汉代文献的渊薮，但《汉书》毕竟是史

① 辛德勇：《制造汉武帝》（增订本），生活·读书·新知三联书店 2018 年版，第 51 页。

② 韩树峰：《论巫蛊之狱的性质——以卫太子行巫蛊及汉武帝更换继嗣为中心》，《社会科学战线》2015 年第 9 期。

③ 辛德勇：《汉武帝太子据施行巫蛊事述说》，见《制造汉武帝》（增订本），生活·读书·新知三联书店 2018 年版，第 156 页。

④ 辛德勇：《汉武帝太子据施行巫蛊事述说》，见《制造汉武帝》（增订本），生活·读书·新知三联书店 2018 年版，第 165 页。

著而非文选，根据行文的需要，班固对汉代文章采录的方式有全录、摘录、照录、改写、引录、转叙等，其特点为："全录与摘录结合；照录与改写相混；引录与转叙交融。"[①]. 就此事而言，由于《汉书·刘屈氂传》已将江充诬陷戾太子事做了叙述："其秋，戾太子为江充所谮，杀充。"《汉书·田千秋传》在叙过田千秋的奏章后又云："是时，上颇知太子惶恐无他意。"而如前所述，在田千秋为丞相后，率群臣劝慰武帝时，武帝还批评群臣眼看着江充等在宫中为非，却无人予以揭发。显见班固将江充诬陷戾太子事已说清楚，故虽然《汉书·武五子传》赞语称田千秋在奏章中指明巫蛊之事的真实情况，使戾太子之冤得以显露明白："故车千秋指明蛊情，章太子之冤。"但班固应该是为了避免行文重复，在采录田千秋奏章时，只是摘录了田千秋为戾太子兴兵所犯的"过误"进行开解之文而已。

除以上分析外，《汉书》还有多处明言戾太子死于江充的诬陷。如《汉书·戾太子传》明言江充治蛊，其意就在于戾太子："充与太子及卫氏有隙，恐上晏驾后为太子所诛，会巫蛊事起，充因此为奸。"《汉书·丙吉传》称丙吉治巫蛊郡邸狱，"心知太子无事实"，又"吉治巫蛊事，连岁不决"。也就是说始终无法得出结论。《汉书·五行志》称："后有江充巫蛊卫太子事。"又称征和二年"七月，使者江充掘蛊太子宫，太子与母皇后议，恐不能自明，乃杀充"。《汉书·外戚传》亦云江充为奸，陷害戾太子："卫后立三十八年，遭巫蛊事起，江充为奸，太子惧不能自明，遂与皇后共诛充。"

由于宣帝定戾太子谥号为"戾"，辛德勇认为："按照所谓周公谥法，

---

① 罗书华：《〈汉书〉引文的方式与特点——兼说〈全汉文〉采录〈汉书〉的难误》，见《北京大学中国古文献研究中心集刊》（第七辑），北京大学出版社2008年版，第269页。

乃‘不悔前过曰戾’。戾太子先行巫蛊，再继以兵戎犯上，正符合所谓‘不悔前过曰戾’的特征，这也可以从侧面证明，戾太子确实有过施行巫蛊的行为。”[①] 由于上已辩明时人认为戾太子无行巫蛊之事，则其被谥为“戾”，实因其虽被冤抗争，但其一错再错，有不可原谅之处。对此胡寅分析得尤其透彻：“既不忍忿忿，斩充炙胡，犹可身之甘泉，庶几见察。方且发中厩车载战士，出武库兵，发长乐卫卒，是将何为？少傅不之谏，皇后不之止，拒丞相军，合战五日。于不得已中得已而不已，是真反矣。至此，罪不可贷，则亡而经死，非不幸也。”[②] 因此，此谥号确属霍光主政时所定的恶谥，但后来宣帝亲政后仍然因循不改，“考其原因，还是怕因此产生恶劣的影响”[③]。

总之，自征和元年冬武帝向卫氏外戚集团发难起，直到江充在太子宫掘出桐木人前，戾太子面对武帝咄咄逼人的攻势，一直隐忍以对，及至江充在太子宫掘蛊得桐木人，为求自保，方奋起抗争。据《汉书·戾太子传》，壶关三老茂论及此事称：“太子进则不得上见，退则困于乱臣，独冤结而亡告，不忍忿忿之心，起而杀充。”韩树峰因此称：“而太子在遭到陷害的情况下，求告无门，进退两难，不得已起而诛杀江充，举兵反叛。”[④] 辛德勇则认为三老茂之语，“并不符合当日实际情况，不过是刻意为太子据开脱而已”。因为以江充的身份，“根本无力阻止太子据为自己辩护”[⑤]。此说颇有道理。事实上，后来戾太子问计于石德，石德在论及此事时并不担心戾太子没机会为自己辩护，而是认为由于江充等掘蛊太子宫获得确凿

① 辛德勇：《制造汉武帝》（增订本），生活·读书·新知三联书店 2018 年版，第 51 页。

② 胡寅：《致堂读史管见》卷二，台湾商务印书馆 1981 年版，第 91 页。

③ 李峰：《巫蛊之祸：西汉中期政坛秘辛》，河南大学出版社 2015 年版，第 301 页。

④ 韩树峰：《论巫蛊之狱的性质——以卫太子行巫蛊及汉武帝更换继嗣为中心》，《社会科学战线》2015 年第 9 期。

⑤ 辛德勇：《汉武帝太子据施行巫蛊事述说》，见《制造汉武帝》（增订本），生活·读书·新知三联书店 2018 年版，第 146 页。

的证据，故戾太子虽可为自己辩护，却已无法自证清白。显见三老茂的说法只是出于推测。

戾太子被江充逼至绝境，进退失据，方才问计于太子少傅石德。

关于石德，蒲慕州认为其父“即前丞相石庆”①。阎步克亦认为其为石庆之子：“石德是著名的‘万石君’石奋之孙，石庆之子。”② 其论当是受颜师古影响而发，因为据《汉书·戾太子传》，颜师古注称少傅石德是“石庆子”。实则并非如此。据《汉书·石奋传》，石奋子石庆为丞相，封牧丘侯，石庆薨，武帝让其中子石德嗣，“后为太常，坐法免，国除”。《汉书·百官公卿表》称太初三年，“牧丘侯石德为太常，三年坐庙牲瘦入谷赎论”。《汉书·外戚恩泽侯表》称石庆以丞相及父万石君石奋积行，于元鼎五年九月封牧丘侯，十年薨，“太初三年，侯德嗣，二年，天汉元年，坐为太常失法罔上，祠不如令，完为城旦”。故周寿昌指出这说明石庆之子石德“从未官太子少傅，亦无劝戾太子矫节发兵事，且德免官失侯在天汉元年，距征和二年已十年，无缘复为太子少傅”。并且若劝太子矫节发兵，并随太子发兵反者为石庆之子石德，由于此属当族诛之重罪，故《汉书》必当书之，“而万石君传及各表皆无之，此等大事，班史不容有遗误，兼以年代考之，亦不合”。故认为“此盖别一石德，非石庆之子德也”③。

由于当时武帝欲除掉戾太子之意已大明，戾太子问计于石德，更多的是想从石德那里寻求支持，而非如一些学者认为的那样真的只是向石德寻求应对之策。因为太子少傅为太子宫官属之领袖，代表着太子宫众官属，

① 蒲慕州：《巫蛊之祸的政治意义》，见台湾《“中央研究院”历史语言研究所集刊》第57本第3分（1986年）。

② 阎步克：《汉武帝时“宽厚长者皆附太子”考》，《北京大学学报（哲学社会科学版）》1993年第3期。

③ 周寿昌：《汉书注校补》卷四一，见沈钦韩等撰：《汉书疏证（外二种）》（二），续修四库全书本，第726页。

而《汉书·戾太子传》称石德“惧为师傅并诛”，据此可知，石德也看出若任由事态发展，戾太子必无生理，而他作为太子的师傅，亦将受到株连，同被处死，因此建议戾太子起而抗争。石德如此想，太子的其他亲信亦应如此想。据《汉书·外戚传》，当年武帝穷治陈皇后巫蛊事，“女子楚服等坐为皇后巫蛊祠祭祝诅，大逆无道，相连及诛者三百余人”。如今戾太子被诬陷而不能明，这意味着历史即将重演，戾太子的亲信不能不担忧自己的命运，因此也愿意支持戾太子，而戾太子因得到太子宫众官属的支持，遂作困兽之斗，奋起抗争。

当戾太子问计于石德时，石德的建议，只是收捕江充等，穷治其奸诈，获得江充等陷害戾太子的证据，使戾太子得以证其清白。而考戾太子之初衷，亦是要按照石德的建议行事，所以当时没与卫皇后商量，便自行抓捕江充等。没想到抓捕中，韩说被杀，章赣、苏文逃归甘泉，这一下子打乱了戾太子的计划。因为戾太子遣使持节假传诏令，已犯了武帝的忌讳，更何况又擅杀使者，可谓大错已成；而苏文等逃归甘泉，定会将治蛊情况汇报给武帝，到得此时，再审讯江充等已无意义。“于是太子之思想开始转变为放手一搏，消灭政敌，取得继位先机。”① 在抓捕江充等的当天夜间遣舍人无且入皇后宫商议，遂起事，因处死江充与胡巫。而辛德勇认为江充、胡巫等被杀，是因为他们被捕之后，没有屈服认账，太子无计可施，只好反叛，并诛之，“用以发泄自己的愤恨”②。这一看法显然与实情不符。

戾太子在卫氏外戚骨干力量悉数被武帝铲除的情况下仓猝起事，仍然

---

① 顿文聪：《再论巫蛊之祸——以卫氏宠衰与昭帝承统为中心的考察》，《唐都学刊》2017 年第 5 期。

② 辛德勇：《汉武帝太子据施行巫蛊事述说》，见《制造汉武帝》（增订本），生活·读书·新知三联书店 2018 年版，第 138 页。

颇具实力。具体而言，其先是发中厩车载射士，出武库兵，发长乐宫卫，可知部分南军已被他掌握。后又炙胡巫上林中。上林苑为步兵校尉所屯守，太子在上林炙胡巫，可知步兵校尉所统领的一校士卒已归附于他。戾太子又遣使者矫制赦长安中都官囚徒，实力大增。又使长安囚如侯持节发长水及宣曲胡骑，皆以装会，惜被侍郎莽通所夺。又召监北军使者任安发北军兵，任安受节后闭军门，不肯应戾太子，然亦不攻之，而是持观望态度。另外东城侯居股参与了戾太子举兵反叛事，亚谷侯卢贺接受了戾太子的符节。武帝一方，许多官员都不愿卷入他们父子的纷争，愿意为武帝卖命倾力打击戾太子的不过是左丞相刘屈氂、侍郎莽通以及大鸿胪商丘成等数人而已。而当戾太子战败，家人四散出逃之时，丞相司直田仁将戾太子放出城门，刘屈氂为此欲斩田仁，却遭到御史大夫暴胜之的反对。开陵侯禄收留了戾太子私幸的女子。凡此皆可见戾太子在朝中威望之重、影响之大。因此若他真处心积虑欲谋反，恐怕他们父子在长安城的杀戮不会仅仅持续五日、死亡数万就能了事。

总之，由于武帝手段老辣，戾太子又性情“仁恕温谨”“敦重好静”，故征和年间，面对武帝咄咄逼人的攻势，戾太子一直采取守势，隐忍以对。后被逼至绝境，方作困兽之斗，最终酿成汉自立国以来最大的宫廷血案、政治丑闻。

四、戾太子死后武帝的作为

据《汉书·戾太子传》，巫蛊之祸中，戾太子兵败，携其二子逃往湖县，藏匿于泉鸠里，后被官方吏卒发觉。“吏围捕太子，太子自度不得脱，即入室距户自经。山阳男子张富昌为卒，足蹋开户，新安令史李寿趋抱解太子，主人公遂格斗死，皇孙二人皆并遇害。上既伤太子，乃下诏曰：

‘盖行疑赏，所以申信也。其封李寿为邘侯，张富昌为题侯。’”颜师古注云李寿获封邘侯，“为其解救太子也”。张富昌获封题侯，孟康称“题”是“县名”。晋灼曰：“《地理志》无也。《功臣表》食邑巨鹿。”颜师古曰：“晋说是也。”

由于《汉纪》云“上知太子之无罪也，乃封李寿为抱侯，张富昌为蹋踶侯”。“一说‘蹋’当衍。”[①] 王念孙遂认为张富昌、李寿获封踶侯、抱侯，反映的正是他们解救太子之功：“《汉纪》是也。踶，音特计反。《庄子·马蹄篇》：‘马怒，则分背相踶。’李颐云：‘踶，蹋也。’封李寿为踶侯者，为其足蹋开户，以救大子。”又“《广韵》踶、题并特计切，声相同，故字相通”。关于“抱”，“隶书‘抱’字或作‘⿰扌色’，‘邘’字或作‘挹’，二形相似，故‘⿰扌色’讹作‘挹’”。因《汉书·功臣表》云邘侯李寿的封邑在河内郡，“后人以河内野王县有邘城”，正与此相合，“遂改‘⿰扌色’为‘邘’，不知‘挹’乃‘⿰扌色’字之讹。且踶侯、抱侯，皆以救大子得名，非旧有之县名也”[②]。不过，若如此，则李寿等获封的原因甚明确，又何来“疑赏”之说？

故王先谦对此提出异议，认为“《荀纪》作‘抱侯’、‘蹋踶侯’，盖是杂采他书之谬，不足据证”。因为戾太子要自缢而死，李寿抱解太子是“欲生得之，非救之也”。之所以诏称“疑赏”，是由于当时受壶关三老的影响，武帝已经改变了严惩戾太子的想法，故李寿等捕得戾太子已称不上是有功，但由于“无明诏赦之”，若不赏赐，朝廷就会失信于天下，因此武帝对此有疑虑，最终为了取信于天下，还是封赏了有功人员：“时上方以反购太子，览壶关三老书而感寤，然无明诏赦之也。富昌、寿乃吏卒，

① 张烈点校：《汉纪》卷一五，见《两汉纪》（上），中华书局2002年版，第264—273页。

② 王念孙：《汉书第三·题侯邘侯》，见《读书杂志》（四），江苏古籍出版社1985年版，第205页。

相从围捕太子者，既获之后，上虽伤太子之死，不能不赏获者功，故曰疑赏申信。”并且《功臣表》也显示李寿并非以解救戾太子获封：“《功臣表》‘寿以得卫太子，侯’。岂以解救太子封乎？”[①]

李廷先则认为诏称“疑赏”，是因为围捕戾太子者中有欲救之者，有欲杀之者，而“事未得明”的缘故。围捕者虽众，而独侯张富昌、李寿，是因为二人事实清楚，“为其解救太子也”[②]。因此不赞成王先谦说而支持颜师古说。

田余庆则持王先谦说：“王念孙谓《汉书》表、传字讹，甚有理据；但是作踶作抱，仍可释为欲生得太子，非必释为解救，至少武帝当时未能肯定踶、抱动机，否则疑赏申信之语就无从理解。武帝终于置张、李于迫蹙太子者诸人之列，故张、李未得免死。权衡各家解释，仍觉王先谦之说于理为得，证据较强。”[③] 蒲慕州也认为：“依《汉书》上下文来看，李之抱解太子决非为善意地救太子，否则藏匿太子的‘主人公’就不会有必要格斗而死。”武帝行“疑赏”之“疑”，“是武帝不能确定李寿抱解太子的动机，但假设李是执行武帝追捕太子的命令，所以要依其功劳封侯以‘申信’”[④]。然而当时当事人、目击者俱在，且治狱之能吏甚众，弄清一个不太复杂的问题真就那么难吗？

辛德勇则认为由于《汉书·戾太子传》叙武帝下诏赏李寿等的文字之前，有“上既伤太子”一语，遂称：“因此，李、张二人，不可能是因为执行追捕太子据的命令而蒙受封赏，而只能是其曾有尝试解救太子的心意

① 班固撰，王先谦补注，上海师范大学古籍整理研究所整理：《汉书补注》卷六十三《戾太子传》，上海古籍出版社 2008 年版，第 4381 页。

② 李廷先：《王先谦〈汉书补注〉质疑》，《文献》（第 11 辑），书目文献出版社 1982 年版，第 128 页。

③ 田余庆：《论轮台诏》，《历史研究》1984 年第 2 期。

④ 蒲慕州：《巫蛊之祸的政治意义》，见台湾《“中央研究院”历史语言研究所集刊》第 57 本第 3 分（1986 年）。

而得到汉武帝的褒扬。然而，他们二人实际的情况，确实又是在参与‘吏围捕太子’之事，绝非解救太子据。所以，汉武帝才会用‘行疑赏’这样的说法，来强自解说自己这一很不合理的做法。”[①] 其实，辛德勇才是在“强自解说”。

就诸家之说而言，若如颜师古、王念孙、李廷先等所说李寿等是因解救戾太子得封，则《汉书·戾太子传》所载“泉鸠里加兵刃于太子”者便不当被提拔为北地太守，因为其加害戾太子的意图甚明，然而其与李寿、张富昌等俱得封赏，是知无论动机如何，只要能得到太子就是有功。但如王先谦所言，武帝是因为疑虑若不赏赐李寿等，朝廷会失信于天下，故行“疑赏”，也是值得商榷的。因为武帝所行“疑赏”之“疑”是疑在无法确定太子此番举事的性质，而非其他。

据《汉书·戾太子传》，巫蛊之祸发生后，武帝将其定性为反叛，自以为占据了道德至高点，遂倾力予以镇压。及至戾太子败亡，仍“怒甚，群下忧惧，不知所出”。然而来自乡野的壶关三老茂的一封奏书，却让事情出现了转机：“书奏，天子感寤。”学者论及此数字，多认为是武帝察觉到太子可能是无辜的，实则并非如此。考茂的奏书，重点表达了对此事的两点看法：首先，武帝要对此事承担一定责任。因为他作为父亲，没有起到应有的表率作用：“臣闻父者犹天，母者犹地，子犹万物也。故天平地安，阴阳和调，物乃茂成；父慈母爱，室家之中，子乃孝顺。阴阳不和则万物夭伤，父子不和则室家丧亡。故父不父则子不子，君不君则臣不臣，虽有粟，吾岂得而食诸！”其次，世人普遍认为武帝所指派的使者江充，是一个奸佞之徒，“往者江充谗杀赵太子，天下莫不闻”。认为太子是为其所逼，为求自保，方才起兵。因此茂坚称：“臣窃以为无邪心。”

---

① 辛德勇：《海昏侯刘贺》，生活·读书·新知三联书店2016年版，第65页。

虽然不过是区区两点看法，却让武帝一下子认识到他据以惩治戾太子反叛的理由，是存在着严重的瑕疵的，并且茂虽未明言江充与戾太子有仇事，但因武帝曾显明其事，故二人有过节事可谓天下皆知。因此武帝以江充治蛊太子宫是缺乏正当性的，自然也不会为社会舆论所接受。对于武帝而言，要想证成戾太子兴兵确属反叛，他必须再找证据。这就是武帝所谓的“感寤”的实质内容。故武帝之疑，不在李寿等围捕戾太子时的动机，而是在于无法确定太子此番举事的性质。但因此前曾宣布捕得太子者有赏，于是虽然太子举事的性质成疑，但为了示信于天下，还是要先赏赐李寿等人。

而继续追查的结果，使武帝不得不承认戾太子举事确属被逼无奈之举。如《汉书·戾太子传》云：“久之，巫蛊事多不信。上知太子惶恐无他意。”这无疑将武帝置于极其尴尬的境地。“在此情况下，武帝要想摆脱巫蛊之祸给自己造成的不利影响，除了诿过他人，推卸责任之外，竟似没有其他更好的办法。若如此，刘屈氂无疑是最好的人选。因为在与太子纷争的过程中，他是朝廷一方的直接领导者，而他向太子发难的原因也不难解释：刘屈氂是李氏外戚的重要成员，他想除掉卫太子，然后拥昌邑王刘髆为太子。”并且李氏外戚之所以能崛起于武帝后期，乃是武帝欲制衡卫氏外戚所致，“现在卫氏外戚被连根拔去，李氏外戚对武帝的利用价值自然大减，不仅如此，李氏外戚还成为了当朝最显赫的外戚，俨然又一‘卫氏外戚集团’出现，这就不能不招致武帝的疑忌”[①]。因此，卫氏外戚被诛除后，武帝很快就对李氏外戚动了杀机。而助成此事者可能为宫中宠姬钩弋夫人的势力。

据《汉书·外戚传》，钩弋夫人姓赵，河间人。“武帝巡狩过河间，望

① 李峰：《巫蛊之祸：西汉中期政坛秘辛》，河南大学出版社2015年版，第52—55页。

气者言此有奇女，天子亟使使召之。既至，女两手皆拳，上自披之，手即时伸。由是得幸，号曰拳夫人。”其事在汉朝堪称神奇，但今天重新审视之，可知这不过是其家人为引起武帝注意而设的一个局而已。及其入宫后，又有孕十四月生子之事，可见其本人亦深谙宫廷权谋之道。

此女虽入宫较晚，资历甚浅，却有数点优势为李氏外戚所不及。首先，其侍奉在武帝左右，能够及时掌握武帝的动态；其次，其子刘弗陵深得武帝的宠爱；再次，钩弋夫人与宫中宦者的渊源甚深。据《汉书·外戚传》云：“先是其父坐法宫刑，为中黄门，死长安，葬雍门。”由于是宦官之家，故其父虽死，其家与宫廷势力当仍存在着联系，这从其在武帝去河间巡视时，被特意推荐给武帝就可看出来。而她在进宫之后，主动强化与宫廷宦官势力的关系是可以想见的。就武帝晚年的储位之争而言，如果说此前属于钩弋夫人的势力是与李氏外戚一道挑战卫氏外戚的话，现在该势力要做的就是铲除李氏外戚，搬掉最后一道阻挡在刘弗陵前进道路上的障碍了。

总之，各方角力的结果，导致在征和三年，汉朝政坛再度发生血腥的诛戮事件。该年三月，因匈奴侵扰，武帝派李广利、商丘成、莽通等分别将兵击匈奴。据《汉书·刘屈氂传》，当李广利离京出征之时，刘屈氂为其设宴饯行，并将李广利送至渭桥，其间李广利催促刘屈氂道：“愿君侯早请昌邑王为太子。如立为帝，君侯长何忧乎?”刘屈氂则承诺向武帝建言立昌邑王。然而还没等刘屈氂向武帝提议，宦官内者令郭穰就向朝廷告发了他们：“是时治巫蛊狱急，内者令郭穰告丞相夫人以丞相数有谴，使巫祠社，祝诅主上，有恶言，及与贰师共祷祠，欲令昌邑王为帝。”观此可知，郭穰早已将相关证据搜集到手，只是在等待告发的时机。有关方面奏请武帝批准审查，“罪至大逆不道。有诏载屈氂厨车以徇，要斩东市，妻子枭首华阳街。贰师将军妻子亦收。贰师闻之，降匈奴，宗族遂灭”。

李广利投降匈奴应该出乎武帝的意料。因为外戚以女色兴，作为皇权的衍生物而存在，他们只有得到君主的支持才能为朝臣所认可，故武帝之世每每以外戚统兵征伐。就李广利而言，因其人资质平庸，武帝更是没把他放在心上。殊不知他将权力交给李广利，就使李广利获得了组建忠于自己的团队的资源，兼之军队内部构成复杂，一些敌视朝廷的军吏混迹其间，故李广利并非他想象的那样易于驾驭。因此刘屈氂被族诛，李广利妻子被下狱的消息一传至军中，李广利的部属便发生了分裂，军队最终被拥李广利势力所挟持。李广利初欲深入邀功，以赎其罪，及至战败，自知求生无望，因率众投降匈奴。

而武帝遂将巫蛊之祸定性为李氏外戚阴谋逆乱所致。如据《汉书·田千秋传》，征和四年六月，武帝拜田千秋为丞相后，田千秋与群臣一道宽慰武帝，武帝有云："自左丞相与贰师阴谋逆乱，巫蛊之祸流及士大夫。"颜师古注曰："谓与太子战死者也。"据《汉书·匈奴传》，同年汉遣使送匈奴使者归匈奴，匈奴人问及卫太子一事，汉使解释说："然。乃丞相私与太子争斗，太子发兵欲诛丞相，丞相诬之，故诛丞相。"

同时，以田千秋为戾太子讼冤为契机，武帝特筑思子宫，并在湖县筑归来望思之台，以表达怜惜卫太子之意。又在短期内将迫害戾太子罪行昭著者予以严惩，如江充虽死，但仍族灭其家，苏文则被焚于横桥上，泉鸠里加兵刃于太子者亦被族诛。其他如莽通、商丘成、景建、李寿等亦悉数被武帝以不同罪名处死，对此，田余庆指出，"他们之死，史籍上记有不同的罪名，但集中起来看一看，就知道都是由于为卫太子昭雪"①。而其之所以如此，乃在于希望通过这一系列举措，能换得百姓的谅解，以扭转对自己不利的形势，亦即所谓的平反昭雪只是手段而已。

---

① 田余庆：《论轮台诏》，《历史研究》1984 年第 2 期。

因为若武帝果真哀怜戾太子，由于自先秦以至秦汉，人们极重世系的传承，他就应该将戾太子家族中的唯一幸存者，当时被关在郡邸狱中的戾太子之孙刘病已从狱中释放出来，悉心养育，使其能够延续戾太子的血脉。

对此，武帝不知道刘病已在狱中应该是个合理的解释。吕思勉就曾发问："然则武帝果自知尚有曾孙与否？"[①] 但事实上武帝不知其曾孙在狱中是不可能的。当时在处置戾太子一案的涉案人员时，武帝根据这些人与太子关系之亲疏将他们分为三类，即太子家人、太子宾客及被胁迫参与叛乱者，然后予以不同对待。据《汉书·戾太子传》，对太子家人全部处死："初，太子有三男一女，女者平舆侯嗣子尚焉。及太子败，皆同时遇害。卫后、史良娣葬长安城南。史皇孙、皇孙妃王夫人及皇女孙葬广明。皇孙二人随太子者，与太子并葬湖。"据《汉书·刘屈氂传》，太子宾客没有参与反叛者皆处死，参与反叛者族诛："诸太子宾客，尝出入宫门，皆坐诛。其随太子发兵，以反法族。"被胁迫参与叛乱者，都徙往敦煌郡："吏士劫略者，皆徙敦煌郡。"在此情况下，有涉案者若想逃脱惩罚，就必须向武帝请示，如据《汉书·张安世传》，太子家吏张贺就是由其弟张安世向武帝上书求请，方才得到特赦的："初，安世兄贺幸于卫太子，太子败，宾客皆诛，安世为贺上书，得下蚕室。"故刘病已被赦免死罪，一定也要得到他的同意方可。所以刘病已被置于郡邸狱，其实就是他的安排。武帝知道刘病已在狱中，却不肯放出来，这不能不让人怀疑武帝是意在斩草除根，为其少子顺利继位扫清障碍。

当然，不赞同武帝有杀其曾孙之心者会指出，若武帝果有杀刘病已之心，他当初何必赦免之！但问题是当时纵使他想除掉刘病已，但刘病已却

---

① 吕思勉：《秦汉史》，上海古籍出版社1983年版，第155页。

有不杀之理。汉代宗室贵族造反，朝廷往往只处置组织者及参与者，对于涉案的宗室贵族的家人一般都予以赦免。因此在史书中偶尔会见到这些谋反者后人活动的记载。如据《汉书·西域传》，武帝元封年间，“遣江都王建女细君为公主”，以妻乌孙昆莫，后改为昆莫孙岑陬妻。细君死后，“汉复以楚王戊之孙解忧为公主，妻岑陬”。据此可知，武帝对戾太子一家大行诛戮已属过当，更何况其曾孙为襁褓小儿，无预世事，且于情为其曾孙，于理亦当哀矜，故武帝虽欲除之，可是却杀之无由，只好将其关押在郡邸狱中。班固在《汉书·宣帝纪》叙及此事时，用了一个“犹”字：“曾孙虽在襁褓，犹坐收系郡邸狱。”因为在班固看来，刘病已不仅不应该被处死，而且也不应该被关在监狱之中，武帝这样处置仍嫌过重。因为将一个襁褓小儿置于监狱之中，无疑于要他的性命。

之所以这样说，是因为当时婴儿死亡率相当高，极难养育。两汉文献对此屡有论及。如据《汉书·王吉传》，王吉称：“世俗嫁娶太早，未知为人父母之道而有子，是以教化不明而民多夭。”桓谭《新论·祛蔽篇》云：“后世遭衰薄恶气，娶嫁又不时，勤苦过度，是以身生子皆俱伤，而筋骨血气不充强，故多凶短折。”亦即多夭折、早死。王符《潜夫论·忠贵篇》认为当时由于“婴儿有常病”，导致“父母有常失”。虽然王吉等关于婴儿死因的看法颇相歧异，但都承认婴儿早夭是当时相当普遍的社会现象。王子今通过对传世文献资料以及睡虎地秦简《日书》、孔家坡汉简《日书》等考古文物资料中与婴儿健康问题有关的史料进行剖析，也指出“因疾病所导致的初生婴儿夭亡，是相当普遍的社会现象”①。

正是因为婴儿死亡率高，为了让婴儿能够存活下来，当时做父母者对婴儿都是倍加珍爱，但仍避免不了婴儿的死亡，更何况是被置于生存条件

① 王子今：《秦汉“小儿医”略议》，《西北大学学报（哲学社会科学版）》2007 年第 4 期。

恶劣的监牢之中。

当时由于监狱的生存条件相当恶劣，许多犯人因饥寒、疾病死于狱中。宣帝时还引起朝廷的重视。据《汉书·宣帝纪》，地节四年宣帝下诏："令甲，死者不可生，刑者不可息。此先帝之所重，而吏未称。今系者或以掠辜若饥寒瘐死狱中，何用心逆人道也！"颜师古注称："苏林曰：'瘐，病也。囚徒病，律名为瘐。'如淳曰：'律，囚以饥寒而死曰瘐。'师古曰：'瘐，病，是也。此言囚或以掠笞及饥寒及疾病而死。如说非矣。'"故将婴儿置于监狱之中，无疑于判其死刑。

事实也确实如此，据《汉书·丙吉传》，刘病已入狱后，"曾孙病，几不全者数焉"。所幸有以故廷尉监身份被征治巫蛊郡邸狱的丙吉的悉心呵护，方才每每转危为安。所以武帝将刘病已长期羁押在监狱之中，其用心是相当险恶的。当然据《容斋随笔·戾太子》，在洪迈看来，这可能是因为汉法太严，武帝虽知太子之冤，也不能屈法将刘病已赦出："然其孤孙囚系于郡邸，独不能释之，至于掖庭令养视而不问也，岂非汉法至严，既坐太子以反逆之罪，虽心知其冤，而有所不赦免者乎？"然而此说太牵强。因为对武帝而言，国家的法令只是其独断专行统驭天下的工具而已，他要想做的事，没有任何一条律文能够限制住他，所以说放与不放，只在其一念之间，但是他始终没有这样做！

想想如果戾太子不做任何反抗，任由江充陷害，并束手就擒，武帝就可以以确凿的罪名向他痛下杀手，自然也就不会出现后来的被动局面。公孙贺父子、他的两个女儿等就是被他以适当的罪名，名正言顺地给处理了。再没想到处置戾太子时，戾太子竟然做出极其过激的举动，这不仅出乎武帝的意料，也让武帝在世人面前丢尽了颜面。所以在武帝内心深处，对戾太子相当讨厌也说不定，因为这让他太被动了。

考丙吉恩养刘病已的原因，《汉书·丙吉传》称是丙吉"心知太子无事实，重哀曾孙无辜”。然从丙吉的处事风格看，他显然是戾太子仁政治国理念的拥护者。如史书一则称其“为人深厚”，再则称其“本起狱法小吏，后学《诗》、《礼》，皆通大义。及居相位，上宽大，好礼让”。“于官属掾史，务掩过扬善。”故丙吉之善待刘病已，当不仅仅是出于同情，更多应出于为其所支持者延续胤嗣的使命感。

由于丙吉对刘病已关怀备至，使其得以存活下来，但这显然不是武帝所愿意看到的，于是就有了后元二年的屠狱之令。

后元年间，武帝自感时日无多，遂开始安排身后之事，如使黄门画周公负成王朝诸侯以赐霍光、赐钩弋夫人死、朝诸侯王于甘泉宫等，另外后元二年的屠狱之命，应该也是武帝在为使其少子刘弗陵顺利掌权所采取的一项措施。劳干就指出此事发生有两种可能，一是武帝可能不知道其曾孙在狱中；二是此事“可能根本就是一个阴谋，要根本除掉卫氏的残余势力”[①]。陈苏镇亦称：“武帝不惜再次滥杀无辜，可能是因为他对太子党残余势力也不放心，因而决意除掉皇曾孙，以免日后对昭帝构成威胁。”[②] 因为刘病已的祖父戾太子为储君三十余年，在社会上有着广泛的声望，所以留太子的孙子在世上，对其少子刘弗陵是不利的。据《汉书·丙吉传》，当时武帝以“望气者言长安狱中有天子气”为借口，派遣使者把中都官诏狱的犯人一一疏录清楚，然后下令不分罪行轻重一律处死。为了达到处死刘病已的目的，武帝特派郭穰赴郡邸狱执行屠狱令：“内谒者令郭穰夜到郡邸狱，吉闭门拒使者不纳，曰：‘皇曾孙在。他人亡辜死者犹不可，况亲曾孙乎！’相守至天明不得入，穰还以闻，因劾奏吉。武帝亦寤，曰：‘天使之也。’因赦天下。”

---

① 劳干：《对于〈巫蛊之祸的政治意义〉的看法》，见台湾《“中央研究院”历史语言研究所集刊》第57本第3分（1986年）。

② 陈苏镇：《汉代政治与〈春秋〉学》，中国广播电视出版社2001年版，第324页。

由于郭穰在铲除李氏外戚过程中起过关键性作用，劳干认为“他是反李氏势力的”，而从此次“不彻底执行”武帝之命令看，他是不愿迫害刘病已的：“他到郡邸狱，只是奉命行事，丙吉闭郡邸狱不得入。他知道皇曾孙在那里也就算了。当然他会向武帝解释的，武帝知道他的曾孙在那里，也就不愿深究了。”[①] 张继昊赞同劳干的看法，并阐发说：“的确，郭穰可以白天去，也可以再去，甚或是当场坚持要丙吉开门，但他都没有那么做。配合他告倒刘屈氂、李广利的事迹看，他确是十分可能倾向卫氏的。”[②] 然而观《汉书·丙吉传》对此事发生经过的叙述，郭穰在此次事件中先是与丙吉相持到天明，回去之后告诉武帝事情的经过，并劾奏丙吉，整个过程显示郭穰对此事是不承担任何责任的，抗旨不从的始终都是丙吉。从郭穰夜间去屠狱一事看，其用心可谓极其险恶。因为夜间进去之后，趁黑可以不问青红皂白，见人就杀。并且由于是猝然而至，知道的人就少，这时即使有人对如何处置刘病已提出异议，事态也相对好控制。如果是白天去屠狱，大庭广众之下，见这么小一个孩子并且还是皇曾孙，身份特殊，杀还是不杀？一旦引起争执，可能还要去请武帝裁断，如果这样，由于孩子无罪，又是自己的亲曾孙，武帝从道义上讲只能是赦免他了。所以只能夜间去杀。没想到丙吉却拒不开门，遂使计划流产。从这些情况看，郭穰很可能是拥钩弋夫人势力的孑遗。

武帝果于杀戮，晚年又喜怒无常，是以诏令所到之处，谁敢阻挠！再没想到丙吉竟然抗命不从，这对武帝而言，只能说是命数使然了。然而到得此时，阴谋已败露，再去屠狱杀掉刘病已已不可能，不免慨叹：“天使

① 劳干：《对于〈巫蛊之祸的政治意义〉的看法》，见台湾《“中央研究院”历史语言研究所集刊》第57本第3分（1986年）。

② 张继昊：《汉武帝将立其子而杀其母说法的检讨——兼论汉武帝的皇位继承问题》，《空大人文学报》2003年12月第12期。

之也。”因赦天下，将刘病已及郡邸狱羁押犯人悉数赦免。对此，辛德勇也颇为感慨地说：“冥冥之中，仿佛确有定数存焉。”因武帝推行专制政治，辛德勇厌极之，然其在刘病已性命得以保全一事上赞同武帝的看法，可谓能够做到不因人废言，但这显然是值得商榷的。不仅如此，辛德勇还认为从后来的实际情况来看，“当时长安城的监狱之中，应是确有所谓‘天子气’存在”①。在科学昌明的今天，辛德勇居然相信汉代望气者之言，这不能不让人感到诧异。

据《汉书·霍光传》，刘病已遇赦后，初仍由丙吉养护，后送至史良娣的兄长史恭家。昭帝继位、霍光辅政后，很快便根据武帝的遗命把刘病已召回掖庭，“武帝时有诏掖庭养视”。又《汉书·宣帝纪》云：“后有诏掖庭养视，上属籍宗正。”这样做，看似是武帝的恩赐，许结就认为：“巫蛊祸后，武帝觉得愧对卫太子与史皇孙，于是派人将他的这位皇曾孙接进宫中抚养。”② 实则极有可能是担心刘病已流落民间，被拥护戾太子势力所推戴，从而危害其少子刘弗陵的统治，因此将其召回朝廷，由官方控制起来。

总之，戾太子死后，武帝采取的一系列举措，看似是在为太子昭雪，实则是为了摆脱其所面临的尴尬局面而已。

武帝统治晚期，由于武帝与戾太子所秉持的治国理念有异、戾太子羽翼已成、戾太子继位朝政可能为卫氏外戚所操控等原因，使武帝与戾太子之间的矛盾日渐加深，兼之各利益攸关方的深度参与，使武帝意欲更换继嗣。但因兹事体大，武帝一度犹豫不决，可是上天的频频示警又让他欲罢不能，至征和元年冬最终决定废黜戾太子，遂对卫氏外戚集团大开杀戒。

① 辛德勇：《海昏侯刘贺》，生活·读书·新知三联书店 2016 年版，第 88 页。

② 许结：《汉武帝》，南京大学出版社 2008 年版，第 162 页。

面对武帝咄咄逼人的攻势，戾太子一直采取守势，隐忍以对，直到江充在太子宫掘蛊得桐木人，为求自保，方奋起抗争。戾太子死后，武帝又采取了一系列善后措施，以缓和严峻的形势。

第四章　无可置疑的汉武帝晚年政治转向

武帝晚年政治发生转向之说，经晚近以来众多学者的论述，已为学界广泛接受，尤其是经田余庆阐释后，影响更著。但也颇有学者认为《轮台诏》只是武帝晚年暂时性的政策调整，其开边兴利之政并没有发生改变，其中辛德勇为推翻田余庆的论断，从史料学角度入手，质疑其论述中所引用的《通鉴》中出处不明的史料的可信性问题，其文发表后引起学界广泛的论争①，这意味着对该问题仍有必要做更为深入的剖析。

① 参见［日］市村瓒次郎：《东洋史统》卷一，东京富山房 1939 年版；田余庆：《论轮台诏》，《历史研究》1984 年第 2 期；唐长孺：《讲义三种》，中华书局 2011 年版；陈苏镇：《汉代政治与〈春秋〉学》，中国广播电视出版社 2001 年版；陈金霞：《汉武帝〈轮台诏〉并非罪己诏》，《河南师范大学学报（哲学社会科学版）》2008 年第 6 期；吴涛：《“术”、“学”纷争背景下的西汉〈春秋〉学》，中国社会科学出版社 2011 年版；辛德勇：《汉武帝晚年政治取向与司马光的重构》，《清华大学学报（哲学社会科学版）》2014 年第 6 期；李浩：《“司马光重构汉武帝晚年政治取向”说献疑——与辛德勇先生商榷》，《中南大学学报（社会科学版）》2015 年第 6 期；杨勇：《再论汉武帝晚年政治取向——一种政治史与思想史的联合考察》，《清华大学学报（哲学社会科学版）》2016 年第 2 期；成祖明：《内部秩序与外部战略：论〈轮台诏〉与汉帝国政策的转向》，《清华大学学报（哲学社会科学版）》2016 年第 2 期；李峰：《汉武帝晚年政治转向及对昭宣之政的影响探析》，《贵州社会科学》2018 年第 3 期等。

一、“守文”与“文治”辨析

由于学者们探讨武帝晚年之政时，频频言及“守文”，因此有必要在论析之前对这一概念稍作梳理。关于“守文”，《通鉴》卷二二载武帝云：“太子敦重好静，必能安天下，不使朕忧。欲求守文之主，安有贤于太子者乎！”田余庆采之以发论。在田余庆看来，所谓的“守文”，就是不赞成“开边、兴利、改制、用法”之政①。

检讨《史记》《汉书》，武昭时期，汉人颇有以“守文”发论者。如据《汉书·董仲舒传》，武帝曾制诏云：“夫五百年之间，守文之君，当涂之士，欲则先王之法以戴翼其世者甚众，然犹不能反，日以仆灭，至后王而后止，岂其所持操或悖缪而失其统与？固天降命不可复反，必推之于大衰而后息与?”或称“继体守文”，如《史记·外戚世家》云：“自古受命帝王及继体守文之君，非独内德茂也。”据《汉书·眭弘传》，眭弘称：“先师董仲舒有言，虽有继体守文之君，不害圣人之受命。”考其语出自《公羊传》文公九年，该书论及周顷王事，称周顷王非唯继承其父周襄王的天子之位，还应继承周文王之体统，遵守周文王之法度：“是子也，继文王之体，守文王之法度。”何休注：“引文王者，文王始受命制法度。”故《史记·外戚世家》司马贞注云：“继体谓非创业之主，而是嫡子继先帝之正体而立者也。守文犹守法也，谓非受命创制之君，但守先帝法度为之主耳。”

据此可知，所谓“守文”，就是指嗣立的君主，能够遵循其先君所创立的法度而治理国家。前引《通鉴》所载武帝“守文”之语，其意就是如

① 田余庆：《论轮台诏》，《历史研究》1984 年第 2 期。

此。如武帝在这段话的前面讲："汉家庶事草创，加四夷侵陵中国，朕不变更制度，后世无法；不出师征伐，天下不安；为此者不得不劳民。若后世又如朕所为，是袭亡秦之迹也。"其意就是自己要将汉朝所面临的内外问题全部解决，最终留给后世一个制度健全、四境安泰的天下。其所谓的"守文"就是守他所创立的法度。故其又对戾太子语："吾当其劳，以逸遗汝，不亦可乎！"观其平生行事，亦确如《通鉴》所言。如据《汉书·夏侯胜传》，宣帝诏称："孝武皇帝躬仁谊，厉威武，北征匈奴，单于远遁，南平氐羌、昆明、瓯骆两越，东定薉、貉、朝鲜，廓地斥境，立郡县，百蛮率服，款塞自至，珍贡陈于宗庙；协音律，造乐歌，荐上帝，封太山，立明堂，改正朔，易服色；明开圣绪，尊贤显功，兴灭继绝，褒周之后；备天地之礼，广道术之路。"汉之为汉，正得武帝而成，故班固在《汉书·武帝纪》赞语中，历数武帝稽古礼文之事，将其视为汉代礼制的创制者，称："后嗣得遵洪业，而有三代之风。"

至于《汉书·外戚传》中，颜师古注云："继体谓嗣位也。守文，言遵成法，不用武功也。"则是值得商榷的。其实"守文"并不排斥武功，若伐无道则可，否则周武王便不当灭商。也非如田余庆所言反对改制，如武帝所言，嗣君治国，其治术有两个来源，一是遵循其先帝所创制的法度，即"守文"；二是"则先王之法"，亦即尧舜等古圣先王之法，《史记·礼书》将此称为"圣制"。若其先帝所用之法度不合"圣制"，就需要予以变更。如汉承秦制而立，而秦制是采六国礼仪而制，"不合圣制"，故虽汉之法度是高祖刘邦所创设，亦是需要进行更改的。据《史记·贾谊列传》，文帝时，贾谊"以为汉兴至孝文二十余年，天下和洽，而固当改正朔，易服色，法制度，定官名，兴礼乐，乃悉草具其事仪法，色尚黄，数用五，为官名，悉更秦之法"。然未得施行。景帝时因七国之乱，为官者莫敢议之。及至武帝即位，据《史记·封禅书》，"搢绅之属皆望天子封禅改正度也”。所以田余庆对“守文”之意的阐释是值得商榷的。辛德勇将“守文”定义为：“对外为慎兴征伐，对内则为宽治生民，节用财力。”[①] 杨勇认为“守文”是“坚守儒家礼乐文教之治之意”[②]，皆与“守文”之义不合。

考诸家所释“守文”之“文”，实为《盐铁论》中贤良、文学等儒生所标榜的“文德”之“文”。如《国疾篇》云：“建元之始，崇文修德，天下乂安。其后，邪臣各以伎艺，亏乱至治，外障山海，内兴诸利。”此为反对夺民之利。《击之篇》云：“方今为县官计者，莫若偃兵休士，厚币结和亲，修文德而已。”此为反对征伐。《险固篇》云：“地利不如人和，武力不如文德。”此为反对武力。

据此与田余庆等的看法相较，他们所谓的“守文”之“文”，显然指的是“文德”之“文”。至于诸家所持之“守文”，准确地讲，当取《礼记·祭法》所云“文王以文治，武王以武功，去民之灾”的“文治”以当之，方合其义。故若将田余庆、辛德勇等所谓的“守文”视为“文治”，他们对“守文”的理解方可成立。观田余庆的论述，其所说的“守文”其实就是“文治”：“马王堆汉墓帛书《经法·四度》说：‘武刃而以文随其后，则有成功矣。’刃，注家释为满。这句话的意思是，武功满后，要有文治，才能说是成功的。《陆贾传》所谓‘马上得之，宁可以马上治乎’，也正是这个意思。”[③] 蒲慕州论及戾太子政治理念，也是以“文治”称之：“卫太子代表的是保守，以文治为主的一种政治倾向。”[④] 并且若要对武帝

① 辛德勇：《制造汉武帝》（增订本），生活·读书·新知三联书店2018年版，第114页。

② 杨勇：《再论汉武帝晚年政治取向——一种政治史与思想史的联合考察》，《清华大学学报（哲学社会科学版）》2016年第2期。

③ 田余庆：《论轮台诏》，《历史研究》1984年第2期。

④ 蒲慕州：《巫蛊之祸的政治意义》，见台湾《“中央研究院”历史语言研究所集刊》第57本第3分（1986年）。

晚年政治取向问题做更深入探讨的话，也只能从“文治”入手，若拘执于“守文”，这个问题其实已没必要再深论了。

二、汉武帝晚年时局与政治转向

论及史学研究，蒙文通曾指出，“事不孤起，必有其邻”，同一时代的事情之间往往有着密切的联系，“是固一贯而不可分离者”[①]。因此研究者在研判史事时要充分考虑其与同时代其他史事之间的内在联系，从全局的角度进行剖析，方才有可能理清头绪。就汉武帝晚年政策转变问题而言，相关史料无论哪一条单独摘出来予以阐释，都难以让人信服，但将诸条史料合而观之，脉络便甚分明了。

据《汉书·武帝纪》，征和四年正月，武帝行幸东莱，“三月，上耕于钜定”。王袆认为这是武帝改变政策的先兆：“武帝一纪，征伐、宫室、祭祀、诗乐之事，无岁无之，独农桑之务，未尝及焉。至是，始亲耕钜定，是殆悔心之萌乎？轮台悔过之诏，富民、搜粟之封，兆于此矣。”[②]

征和四年六月，田千秋同日官拜丞相、富民侯。如《汉书·百官公卿表》称征和四年“六月丁巳，大鸿胪田千秋为丞相”。《汉书·外戚恩泽侯表》称“征和四年六月丁巳”田千秋“以丞相侯”。《汉书·食货志》将封田千秋为富民侯的原因讲得甚明白：“武帝末年，悔征伐之事，乃封丞相为富民侯。下诏曰：‘方今之务，在于力农。’”由于这次任命意义重大，哀帝时，王舜、刘歆等特显言之。据《汉书·韦玄成传》，王舜等论及武帝时事，指出面对四夷之患，武帝遣将南灭百粤、北攘匈奴、东伐朝

① 蒙文通：《书评：〈学史散篇〉》，《图书季刊》1935年第2卷第2期。

② 王袆：《大事记续编》卷一，文渊阁《四库全书》本，第10页。

鲜、西伐大宛，终至“四垂无事，斥地远境，起十余郡。功业既定，乃封丞相为富民侯，以大安天下，富实百姓，其规橅可见”。这显示，“汉朝当代确实有人认为汉武帝晚年意欲停止对外征伐的政策、从此与民休息”[①]。

另外，需要指出的是，《汉书·食货志》在叙罢武帝封田千秋为富民侯后，紧接着又称：“以赵过为搜粟都尉。”其任职时间史无明文，或认为在征和四年，或认为在武帝去世时，但肯定是由武帝所任命的。赵过是当时著名的农学家，武帝以其为搜粟都尉，主持农事，推行代田法，也体现了其重农之意。

据《汉书·西域传》，武帝任命田千秋为丞相后，又下轮台之诏，申明自己的主张：“当今务在禁苛暴，止擅赋，力本农，修马复令，以补缺，毋乏武备而已。郡国二千石各上进畜马方略补边状，与计对。”班固叙罢此事后，继而又语武帝“由是不复出军”。并再度指出武帝“封丞相车千秋为富民侯，以明休息，思富养民也”。

通过以上的梳理可以看出，为了将朝政的重心由此前的开边兴利向发展民生转移，征和四年，武帝通过采取一系列措施，全力进行政策调整。可以说“武帝末年的政治转向在《史记》《汉书》诸多《列传》《志》中都可以得到互相印证、补充”[②]，其脉络甚清晰，其中轮台之诏的颁布，可称得上是武帝政策调整的标志性事件。故而此诏既为持武帝晚年政策转变说者所重视，也为持异论者作为立论的重要依据。

如马元材指出武帝下《轮台诏》，是由于“汉武帝年事已老，所受刺激太多，雄心顿减。只有暂时变攻为守，以候异日再图进取而已”[③]。陈苏

---

① 黄怡君：《是谁“制造”了汉武帝》，澎湃新闻，2016年9月23日，https：//www. thepaper. cn/newsDetail_ forward_ 1532766

② 李浩：《“司马光重构汉武帝晚年政治取向”说献疑——与辛德勇先生商榷》，《中南大学学报（社会科学版）》2015年第6期。

③ 马元材（非百）：《桑弘羊传》，中州书画社1981年版，第114页。

镇认为："细读轮台之诏，武帝兴兵数十年，而诏中所'悔'的只是征和三年之役。"其否决田千秋、桑弘羊等的建议，用意是明显的，"即停止远征及与远征相关的一切扰民劳民之事，使百姓得以休养生息，使国家得以恢复元气；而'修马复令，以补缺，毋乏武备'及'郡国二千石各上进畜马方略补边状'云云，即使不是积蓄力量、日后再战之意，至少也包含维持既得战果的用意"。他认为"《汉书·西域传》夸大了武帝悔过的内容，夸大了轮台诏的意义，也夸大了由此引起的历史转折的幅度"。进而明确指出武帝发布轮台之诏，并不意味着武帝改变了征服天下的主张，"他只是推迟了征服匈奴的时间，放慢了经营西域的节奏，使百姓得以喘息，使国力得以恢复，使对外战争引起的社会矛盾得以缓解"①。辛德勇为剖析轮台之诏非武帝彻底转变其治国方针的纲领性文件，特引录《汉书·西域传》大段文字，指出武帝的追悔更像是对征和三年之役的追悔，其所采取的措施，"就应该是为重新征战而预做准备"②。杨勇称轮台之诏中缺少了经济、司法两大重要领域的调整，"仅涉及了对外征伐一事，但是这种对外政策的转折到亦非完全的调整"③。然而这些观点皆值得商榷。

其时西南夷、两粤、朝鲜等皆已平定，汉若继续用兵，当在西域与匈奴。就西域而言，田余庆认为："征和四年轮台诏前，桑弘羊等人上奏，除了请求于渠犁、轮台设置屯田以外，还请求把盐水亭障再向西方的乌孙延伸。按照上述汉军西进程序，这意味着将要在更西的某个地方实现第三阶段、第三步骤的战争。这就是轮台诏颁布以前西域军事形势的背景。正是针对这种形势，汉武帝下轮台诏，才清除了这场战争发生的可能性。"④

---

① 陈苏镇：《汉代政治与〈春秋〉学》，中国广播电视出版社 2001 年版，第 286—292 页。

② 辛德勇：《制造汉武帝》（增订本），生活·读书·新知三联书店 2018 年版，第 18 页。

③ 杨勇：《再论汉武帝晚年政治取向——一种政治史与思想史的联合考察》，《清华大学学报（哲学社会科学版）》2016 年第 2 期。

④ 田余庆：《论轮台诏》，《历史研究》1984 年第 2 期。

实则并非如此。据《史记·大宛列传》，汉朝经略西域主要有三个目的：其一，为了图制匈奴，“断匈奴右臂”；其二，满足武帝“威德遍于四海”的愿望；其三，获得西方的珍宝，亦即时人所谓的“外国奇怪利害”“外国所有”。据《汉书·西域传》，为了实现第一个目的，汉朝甚重葱岭以东玉门以西的西域：“孝武之世，图制匈奴，患其兼从西国，结党南羌，乃表河西列四郡，开玉门，通西域，以断匈奴右臂，隔绝南羌、月氏。”另外两个目的主要针对的是葱岭以西的大宛、大夏、安息、大月氏、康居之属，时人称为“西北国”，亦即汉朝对葱岭以西诸国并无领土要求。

然而武帝却发动了大宛之役。究其原因，乃在于“当时大宛已成为汉王朝西域经营的巨大障碍”。大宛为北道西出葱岭的要地，且北与康居、南与大月氏相接，若大宛不附，造成的后果将是“东西道被隔，国威扫地；而且由于西域经营将不得不中止，匈奴右臂无从切断”①。而汉求宛马不得，使者被杀，显然大宛已与汉朝交恶。另外，据《史记·大宛列传》，汉与西北诸国通使之后，“西北外国使，更来更去。宛以西，皆自以远，尚骄恣晏然，未可诎以礼羁縻而使也”。这对汉朝也造成了相当大的困扰。故汉对大宛有不得不征伐之势。而李广利降大宛，得大宛善马，大宛新立之王蝉封又“遣其子入质于汉。汉因使使赂赐以镇抚之”。汉因之立威宛西诸国，并使汉朝的军事力量深入葱岭以东地区：“而汉发使十余辈至宛西诸外国，求奇物，因风览以伐宛之威德。而敦煌置酒泉都尉；西至盐水，往往有亭。而仑头有田卒数百人，因置使者护田积粟，以给使外国者。”葱岭以东诸国于是普遍倒向汉朝。据《汉书·李广利传》，李广利班师东归，“诸所过小国闻宛破，皆使其子弟从入贡献，见天子，因为质焉”。据《汉书·西域传》，楼兰也倒向汉朝，“匈奴自是不甚亲信楼兰”。

---

① 余太山：《大宛和康居综考》，《西北民族研究》1991 年第 1 期。

总之，大宛一役，基本满足了武帝的各项诉求，故已无再向葱岭以西兴师的必要。

就匈奴而言，据《史记·大宛列传》，早在建元年间，汉朝即“欲事灭胡”。据《史记·主父偃列传》，元朔初，主父偃又盛言朔方为“灭胡之本”。并且直到元封至太初初年仍以“灭胡”为务。据《汉书·西域传》，元封年间，武帝为联合乌孙，制衡匈奴，将公主细君嫁于乌孙君主昆莫。“昆莫年老，欲使其孙岑陬尚公主。公主不听，上书言状，天子报曰：‘从其国俗，欲与乌孙共灭胡。’”考其时当在元封末至太初初年。因为“细君公主妻乌孙事在元封三年（即前108年）”[①]。据《汉书·西域传》，因武帝不同意细君的请求，“岑陬遂妻公主。……岑陬尚江都公主，生一女少夫。公主死，汉复以楚王戊之孙解忧为公主，妻岑陬”。解忧甘露三年即公元前51年70岁，则其生于元狩三年即公元前120年。汉代女子正常初婚年龄是“十三四岁至十六七岁”[②]，即解忧正常出嫁时间当在元封三年至太初元年之间。故徐松认为细君“在乌孙仅四五年而死”是有道理的。[③]

及至太初四年春，李广利携大宛王首、汗血马还朝后，据《史记·匈奴列传》，武帝将对匈奴的策略由“灭胡”调整为“困胡”：“汉既诛大宛，威震外国。天子意欲遂困胡。”这意味着鉴于内外形势的变化，武帝晚年的政策调整从征服大宛之后就已经开始了。

众所周知，汉攻大宛虽然取得胜利，但也严重恶化了内部局势。据《汉书·李广利传》，“太初元年，以广利为贰师将军，发属国六千骑及郡国恶少年数万人以往”，然至隋成受阻而还，“往来二岁，至敦煌，士不过

① 王明哲、王炳华：《〈汉书·乌孙传〉笺证》，见《乌孙研究》，新疆人民出版社1983年版，第74页。

② 彭卫：《汉代婚姻形态》，三秦出版社1988年版，第90页。

③ 徐松：《汉书西域传补注》卷下，丛书集成初编本，中华书局1985年版，第58页。

什一二”。武帝不甘心受挫，继而“赦囚徒扞寇盗，发恶少年及边骑，岁余而出敦煌六万人，负私从者不与。牛十万，马三万匹，驴橐驼以万数赍粮，兵弩甚设。天下骚动，转相奉伐宛，五十余校尉……益发戍甲卒十八万酒泉、张掖北，置居延、休屠以卫酒泉。而发天下七科谪，及载糒给贰师，转车人徒相连属至敦煌”。故是役虽然取得胜利，但据《盐铁论·西域篇》，由此也引发了全国性的暴乱：“当此之时，将卒方赤面而事四夷，师旅相望，郡国并发，黎人困苦，奸伪萌生，盗贼并起，守尉不能禁，城邑不能止。”后虽被镇压下去，但也显示武帝穷兵黩武的政策已难以为继。而其时匈奴虽然衰落，却仍有一定实力。如据《汉书·武帝纪》，太初二年，汉朝“遣浚稽将军赵破奴二万骑出朔方击匈奴，不还”。太初三年，“秋，匈奴入定襄、云中，杀略数千人，行坏光禄诸亭障；又入张掖、酒泉，杀都尉”。此显见一味强调“灭胡”是不现实的。但匈奴此时已形同困兽也是不争的事实。因为早在大宛之役前，汉朝就已将匈奴的力量限制在漠北苦寒之地，在与匈奴的博弈中已“处于绝对优势地位”[①]，后经大宛之役，汉朝又筑牢了围堵匈奴的防线，在宏观上实现了对匈奴的把控。当此情势下，汉朝若能改变对匈奴的策略，由“灭胡”调整为“困胡”，以封锁、围堵之策与匈奴周旋，通过消耗其国力之法最终将其拖垮，可能更符合汉朝的国情。或许职是之故，使武帝在大宛之役后开始调整对匈奴的政策。

武帝征服大宛后，先后三次出兵击匈奴，考其用意，皆在于“困”而不是“灭”匈奴。

如天汉二年之役，是役李广利率3万骑兵打击匈奴右地，重点是盘踞天山的右贤王。天山在西域，远离单于庭，属匈奴的边地，相对容易对

① 田余庆：《论轮台诏》，《历史研究》1984年第2期。

付。为防止单于救援，又出动李陵、公孙敖、路博德率部策应，而三人策应之处一为浚稽山，一为涿邪山，皆地近汉塞。如据《汉书·李陵传》，李陵受诏率步兵五千出居延北，牵制匈奴兵力。诏云："以九月发，出遮虏鄣，至东浚稽山南龙勒水上，徘徊观虏，即亡所见，从浞野侯赵破奴故道抵受降城休士，因骑置以闻。"李陵将步卒出居延，北行三十日，至浚稽山止营，继而在此与单于展开激战，李陵且战且退，至距边塞百余里处败降。据《汉书·匈奴传》颜师古注，浚稽山的地望"在武威北"，距居延千余里。如《史记·匈奴列传》称"又使骑都尉李陵将步骑五千人，出居延北千余里，与单于会，合战，陵所杀伤万余人"云云。据《汉书·匈奴传》，因杅将军公孙敖，依部署"与强弩都尉会涿邪山，亡所得"。《通鉴》卷二一胡三省注云："在高阙塞北千里。"

天汉四年之役，投入总兵力 20 余万，重在打击匈奴左地，其中贰师将军李广利将步骑 13 万出朔方，因杅将军公孙敖将步骑 4 万出雁门，游击将军韩说将步兵 3 万出五原，强弩都尉路博德统军万余与李广利会。此役李广利军攻至余吾水。余吾水，据谭其骧主编的《中国历史地图集》显示，在漠北单于庭附近。[①] 据《汉书·匈奴传》，李广利虽重兵深入匈奴漠北腹地，然并无意决战，与单于一交锋，即"解而引归，与单于连斗十余日"，形同耀兵。据《史记·卫将军骠骑列传》，公孙敖军亦至余吾水："复以因杅将军再出击匈奴，至余吾。"据《汉书·匈奴传》，公孙敖与左贤王的战斗甚激烈，然未能取得胜绩："因杅与左贤王战，不利，引归。"考此役的部署当是李广利佯攻牵制单于，由公孙敖主攻左贤王。此外，据《汉书·李陵传》，公孙敖还肩负迎李陵归汉之任务："陵在匈奴岁余，上遣因杅将军公孙敖将兵深入匈奴迎陵。"韩说策应，无所得。

---

① 谭其骧主编：《中国历史地图集》（第二册），中国地图出版社 1982 年版，第 39 页。

征和三年，汉朝向匈奴发动进攻，贰师将军李广利将7万人出五原，御史大夫商丘成将2万人出西河，重合侯莽通将4万骑出酒泉。

据《汉书·匈奴传》，商丘成部与匈奴的战斗在浚稽山附近展开："御史大夫军至追邪径，无所见，还。匈奴使大将与李陵将三万余骑追汉军，至浚稽山合，转战九日，汉兵陷陈却敌，杀伤虏甚众。至蒲奴水，虏不利，还去。"莽通主攻天山，全师而还："重合侯军至天山，匈奴使大将偃渠与左右呼知王将二万余骑要汉兵，见汉兵强，引去。重合侯无所得失。是时，汉恐车师兵遮重合侯，乃遣闿陵侯将兵别围车师，尽得其王民众而还。"

据《汉书·西域传》，李广利出师前，武帝明确要求其不能轻师深入："故朕亲发贰师下鬴山，诏之必毋深入。"从武帝所言看，鬴山当近汉塞，徐松认为："鬴山者，五原塞外山也。"[①] 据《汉书·匈奴传》，李广利部出塞不久，即与匈奴部队在夫羊句山狭展开搏斗，并追至范夫人城："贰师将军将出塞，匈奴使右大都尉与卫律将五千骑要击汉军于夫羊句山狭。贰师遣属国胡骑二千与战，虏兵坏散，死伤者数百人。汉军乘胜追北，至范夫人城，匈奴奔走，莫敢距敌。"据此可知夫羊句山狭、范夫人城两地与汉塞相距不远。从李广利与其亲信的商讨看，战至范夫人城已基本完成征伐的任务。但其时其家人已因罪被收押，李广利因担心其功不足以赎罪，欲深入要功，遂北至匈奴腹地郅居水上。由于是孤军深入，遂大败，因降。

三次战役有得有失，其经验与教训都足以引起武帝的深思。汉朝连续出击，使匈奴不得宁居，对其造成的杀伤亦颇重，在一定程度上确实起到了削弱其实力的作用。然而即言是"困胡"，首先应该使自己立于不败之

① 徐松：《汉书西域传补注》卷下，丛书集成初编本，中华书局1985年版，第75页。

地。可是第一次战役，李广利几不得脱，李陵更是大败；第二次战役得不偿失；第三次战役，李广利 7 万大军全军覆没。总之，武帝虽意在“困胡”，结果却为胡所困。因此征和三年之役失利后，从武帝所采取的一系列措施就可看出，其已经开始考虑调整“困胡”之策。而观相关部门先后提出的三条对策，无一有兴师攻打匈奴之意，是知在进行政治转向、贯彻武帝的“困胡”之策方面，朝廷已经形成以防御为主的共识。但在武帝看来，在当时的情况下，此三策要么没有可操作性，要么与当时的国力不符，因此遂下轮台之诏，借桑弘羊等建言屯田轮台事明确表达了自己对时局的看法。

关于增加民赋助边用事，武帝认为这将“重困”百姓。具体而论，班固在《汉书·西域传》述及轮台之诏，首言“上乃下诏，深陈既往之悔，曰：‘前有司奏，欲益民赋三十助边用，是重困老弱孤独也’”云云。观班固采录此诏令当属摘录，鲁西奇亦指出：“这里引录的诏书，应当不是诏书的原文，而是节录。”[①] 在摘录之前班固先对诏令前面的叙述作一概括，即“深陈既往之悔”，然后再行摘引。故细绎文意，其诏书中语“是重困老弱孤独也”，应该是前面已论述过既往的行为使老弱孤独困穷，因此讲有司奏言是“重困”之。

关于屯田轮台事，武帝认为这样做并不合适。为了说明这一问题，武帝举征和三年开陵侯成娩攻车师事以证。武帝指出成娩攻车师，虽取胜，但因军粮补给极其困难，致使汉朝损失极大。车师距汉朝边境不甚远就已如此，而轮台又在车师西千余里，故若屯田轮台，势必要劳师动众，得不偿失：“轮台西于车师千余里，前开陵侯击车师时，危须、尉犂、楼兰六国子弟在京师者皆先归，发畜食迎汉军，又自发兵，凡数万人，王各自

---

① 鲁西奇：《何草不黄：〈汉书〉断章解义》，广西师范大学出版社 2015 年版，第 115 页。

将，共围车师，降其王。诸国兵便罢，力不能复至道上食汉军。汉军破城，食至多，然士自载不足以竟师，强者尽食畜产，羸者道死数千人。朕发酒泉驴橐驼负食，出玉门迎军。吏卒起张掖，不甚远，然尚厮留其众。”因此武帝说：“今请远田轮台，欲起亭隧，是扰劳天下，非所以优民也。今朕不忍闻。”

关于遣囚徒行刺单于事，这是在攻伐不利的情况下，另出一策。武帝认为此议不可行，不仅因此举有失大汉之风度，且易被匈奴识破：“大鸿胪等又议，欲募囚徒送匈奴使者，明封侯之赏以报忿，五伯所弗能为也。且匈奴得汉降者，常提掖搜索，问以所闻。”就汉朝当前应对匈奴的策略而言，当务之急既不是增加民赋，也不是遣人行刺，而是整顿边塞秩序。因为边塞局势混乱，常常给匈奴以可乘之机，从而使汉每每陷入被动境地：“今边塞未正，阑出不禁，障候长吏使卒猎兽，以皮肉为利，卒苦而烽火乏，失亦上集不得，后降者来，若捕生口虏，乃知之。”

观武帝所议三事，皆是从得失角度进行考虑，即凡出一策，都要通盘进行思考，权衡其利弊，如果得不偿失，或无十足的胜算，就不能予以实施。这与此前武帝不计得失，穷兵黩武的行事风格大异。

最后，武帝强调指出：“当今务在禁苛暴，止擅赋，力本农，修马复令，以补缺，毋乏武备而已。郡国二千石各上进畜马方略补边状，与计对。”即在当时的情势下汉朝的重点是发展民生，至于增加边防的投入，强化对西域的控制，要待国力恢复到一定程度再说。

因《汉书·武帝纪》篇末赞语云：“如武帝之雄材大略，不改文景之恭俭以济斯民，虽《诗》、《书》所称何有加焉!”辛德勇据此称：“这显然是在指斥汉武帝暴虐子民的一生，值此盖棺论定之时，亦略无一语提及他在晚年对此行径有过罪己悔过的举措。这更进一步显示出，在班固的眼里，汉武帝并没有改变过他的基本政治取向。”[①] 然《汉书·西域传》先是称“上既悔远征伐”云云，继而述及轮台之诏又称武帝“深陈既往之悔”云云，最后赞语又称“是以末年遂弃轮台之地，而下哀痛之诏，岂非仁圣之所悔哉!”《汉书·食货志》亦有“武帝末年，悔征伐之事”之语。此显见与辛德勇的分析相左。李浩指出这体现的是古书的“互见之例”[②]。辛德勇却对这些文字的可信性提出了质疑，并举刘向《新序》中史事以证其说。

刘向《新序·善谋下》云：“孝武皇帝自将师伏兵于马邑，诱致单于。单于既入塞，觉之，奔走而去。其后交兵接刃，结怨连祸，相攻击十年，兵凋民劳，百姓空虚，道殣相望，槥车相属，寇盗满山，天下摇动。孝武皇帝后悔之，御史大夫桑弘羊请佃轮台，诏却曰：‘当今之务，在禁苛暴，止擅赋，今乃远西佃，非所以慰民也。朕不忍闻。’封丞相号曰富民侯，遂不复言兵事。国家以宁，继嗣以定。”

辛德勇引录这段文字，称《汉书》出现的称武帝“悔远征伐”“深陈既往之悔”之文字，有可能是从刘向《新序》的这段议论中，“采录了相关的内容（也有可能取自与《新序》此文同一来源的某一著述），或是受到了这种看法的影响”。但因刘向文中所言武帝自将师伏兵马邑事不合史实，辛德勇遂称：“因而，不能简单据以推定历史事实。”[③] 意即《汉书》的相关文字也是不可轻信的。然而且不论辛德勇的分析是否有道理，《新序》中关于武帝因后悔而颁《轮台诏》的文字叙述，反映了西汉人对此事的看法，却是不争的事实。故黄怡君称：“我认为《新序》写历史事件的

① 辛德勇：《制造汉武帝》（增订本），生活·读书·新知三联书店 2018 年版，第 23 页。

② 李浩：《“司马光重构汉武帝晚年政治取向”说献疑——与辛德勇先生商榷》，《中南大学学报（社会科学版）》2015 年第 6 期。

③ 辛德勇：《制造汉武帝》（增订本），生活·读书·新知三联书店 2018 年版，第 23—24 页。

经过虽然未必准确，但刘向以西汉人言西汉事，至少可以代表西汉晚期的人对汉武帝时期这段历史的一种看法。”①

杨勇指出讨论《轮台诏》及武帝晚年政治的转变，应当分别从对外征伐、兴利政策和酷吏政治这三个角度予以全面、具体考察，方能把握住问题的实质。但他通过分析，却认为“根据这个整体看《轮台诏》，以至整个武帝晚年的政治态势，都不能得出武帝对其政治方略有根本转折的打算，更没有转向‘守文’即转向儒家政治的意向”。原因是虽然武帝不复出兵，但却看不到“有对兴利政策和酷吏政治进行调整的事实”②。后来在接受采访时杨勇又说：“不可否认，《轮台诏》确实开启了武帝政策转折的大幕，这一点观察霍光时代诸抚民举措即可更清楚看到。甚至可以讲其后相当长一段时间内的各种调整都由此开始。但另一方面，对它的评价也不宜过高，因武帝当时的种种局限，这封诏书只是开启了有限的转折，许多重要的、根本性的政策转折《轮台诏》中并未涉及，因此它没有达到转折的高潮，更远远没有完成。”③

为证己说，杨勇言辞颇辨。但也正因他的辨析，使我们对武帝晚年政治发生转向这一问题的认识更为清楚，因为上文所引武帝表达自己主张的文字，反映的正是武帝对此前的开边、兴利和酷政等政策的调整。至于杨勇说武帝的政治方略没有转向儒家政治的意向，是由于他用儒家的“教民”观来衡量武帝的“养民”策略所致，从儒家所持的“养民”观看，武帝晚年由内兴功利、外事四夷转向内安百姓、外息干戈，正与盐铁会议

---

① 黄怡君：《是谁“制造”了汉武帝》，澎湃新闻，2016 年 9 月 23 日，https：//www. thepaper. cn/newsDetail_ forward_ 1532766

② 杨勇：《再论汉武帝晚年政治取向——一种政治史与思想史的联合考察》，《清华大学学报(哲学社会科学版)》2016 年第 2 期。

③ 于淑娟：《杨勇：从武帝晚年到霍光时代都未完成“守文”转向》，澎湃新闻，2016 年 3 月 26 日，https：//www. thepaper. cn/newsDetail_ forward_ 1446976

上贤良、文学所标榜的“崇文修德”“偃兵休士”相合，亦即合于“文治”之义。而田余庆虽以“守文”称之，表达的其实正是这一意思。这也合于辛德勇对“守文”所下的定义。然辛德勇又称：“直到后来元帝继位以后，才从根本上改变了这样的指导思想，纯用儒家理念治国，从而真正转向所谓‘守文’之路。”[①] 这形同给“守文”亦即“文治”一词下了两个定义，一个是从推行政策的角度定义，一个是从治国理念的角度定义，并且两者互不相容。实则儒家治国的理念是以“德”治民，其外在表现形式是“文”治，“文”与“德”是一体的，而辛德勇却将二者截然两分，显见其对何为“文治”，其实并不清楚，则其看法自然也是不正确的。

需要指出的是，虽然儒家盛称“文德”之治，但文治作为一种治国之术，早在儒家出现之前就已存在。先秦时期君主的治术可从其谥号窥知。因为据《逸周书·谥法解》，谥号是对人一生行为的总评：“谥者，行之迹也；号者，功之表也。”而作为一部关于先秦谥法的总结性著作，成书于战国中期的《逸周书·谥法解》对先秦谥号进行了系统研究，指出所谓“文”，是指“经纬天地”“道德博厚”“慈惠爱民”“愍民惠礼”等，与“刚强直理”“威强睿德”“克定祸乱”“刑民克服”“大志多穷”等所谓的“武”相反。《盐铁论》中贤良、文学所执之义正与此相合。

因此盐铁会议上，贤良、文学所执的文治观，与其说是儒家的观点，倒不如说反映的是自先秦以来，人们对文治的基本看法。是故齐桓公虽为春秋首霸，然其初因行德政，而为文学所推崇。如《盐铁论·世务篇》云：“昔齐桓公内附百姓，外绥诸侯，存亡接绝，而天下从风。其后，德亏行衰，葵丘之会，振而矜之，叛者九国。《春秋》刺其不崇德而崇力也。”据《汉书·儒林传》文帝“本好刑名之言”，所行非儒家之政，但

---

① 辛德勇：《制造汉武帝》（增订本），生活·读书·新知三联书店2018年版，第126页。

因推行德政，不仅在其去世时被上尊号为“文”，盐铁会议上也颇为儒生所称扬。而武帝即位之初，不过是延续了文景的传统，就也受到儒生的盛赞。及至西汉后期，虽儒学大行，然而文帝之政仍为时人所推崇。如据《汉书·翼奉传》，元帝时翼奉称：“窃闻汉德隆盛，在于孝文皇帝躬行节俭，外省徭役。……故其时天下大和，百姓洽足，德流后嗣。”据《汉书·韦玄成传》，元帝又诏称文帝：“削乱秦之迹，兴三代之风，是以百姓晏然，咸获嘉福，德莫盛焉。”总之，自先秦以至汉代，在人们的观念中，只要统治者能为政以德、慎兴武功，其治即可称“文治”。

当然就法令而言，武帝末年仍存在用法刻深问题；就兴利而言，相关政策调整有限。对此，要认识到“国家整体战略和政策方向的转变并不意味着一些具体制度、法令都能够立即废止”①。但其大纲已陈、方向已定也是不争的事实。且如杨勇所阐释，武帝的兴利政策和酷吏政治皆因对外征伐而起，而武帝不复出兵，从根源处入手解决问题，则因此而起的兴利、暴酷之政的烈度较之以前自然会有明显下降。至于杨勇以武帝没有对盐铁国营政策进行调整为例，以证武帝没有改变兴利之政，当是未能洞悉时事而发。盐铁之政由于既可限制富商大贾等豪强势力的发展，又可增加国家财政收入，自推行之后便深为国家所倚重，武帝当然不会罢黜。

辛德勇为证武帝晚年政治没有发生转向，又对武帝征和三年在钜定亲耕之事进行剖析，认为武帝此举是意在向海外的仙人示好，但如前所述，其说显然是难以成立的。而王袆将武帝此举视为武帝轮台悔过之兆，则是有道理的。之所以要在钜定而非京师近郊举行亲耕之礼，当是因为武帝自知年老体衰，时日无多，而所需处理的棘手问题却层出不穷。其中急需处

① 成祖明：《内部秩序与外部战略：论〈轮台诏〉与汉帝国政策的转向》，《清华大学学报（哲学社会科学版）》2016 年第 2 期。

理的两个核心问题是政策调整与确定继嗣，并且这两个问题还相互关联。即前一问题要先于后一问题解决，否则就难以实现权力的平稳过渡。所以从征和四年三月起，武帝开始着手采取措施以安民，到轮台悔过之诏颁布，基本完成稳定时局工作，前后用时仅数月，显见武帝急于用最短的时间先解决社会稳定问题，故其亲耕选在外地而不是在京师近郊举行，是可以理解的。因为若在京师近郊举行亲耕礼，就要等到后元元年春了。

最后需要指出的是，辛德勇之所以始终坚持认为武帝晚年没有改变治国路线，实根源于他对中国古代专制统治的非历史主义认识。如他认为："汉武帝的祸国殃民路线是一以贯之，至死未休的。知道自己要死了，也还要安排忠实执行既定国策的接班人接着来祸害苍生百姓，凡是自己定下来的，都要按既定方针办，一样儿也不能改。"但这一看法显然并非只是来自对相关史实的剖析，因为他接下来又说："在中国历史上，这样的事情，恐怕不止出现过这么一次。"[①] 后来又多次陈述他这一看法。如其一则曰："缺乏社会公众监督的情况下，专制统治者控御天下越久，他对自己独断专行的能力会越加深信不疑，想干什么就能干出什么，想让谁咋样谁就得咋样，因而也就根本不需要反省和改变自身的行为。中国古往今来的历史，就是这样走过来的。"[②] 再则曰："任何一个专制统治者，恐怕都很难像司马光所希望的那样罪己改过，痛改前非。绝对的权力，带给他们绝对的自信。"所以"专制统治的改变，只能是统治者被人民的反抗而推翻。这是历史的规律"。故而"汉武帝一生都在祸国殃民，终其一生，并没有做出根本性的改变"。论及汉武帝的功过，辛德勇认为"暴君汉武帝完成

① 辛德勇：《〈制造汉武帝〉的后话》，《制造汉武帝》（增订本），生活·读书·新知三联书店2018年版，第187页。

② 辛德勇：《从〈制造汉武帝〉到〈海昏侯刘贺〉——我所认识的宫廷政治与帝王形象》，微信公众号：辛德勇自述，2018年8月29日，https://mp.weixin.qq.com/s/0H3F-y35dakZDWACtvVEXw

了暴君秦始皇开始的社会大变革”，而他从感情上对汉武帝的评价是“独夫民贼，恶贯满盈”[①]。可以说辛德勇对武帝晚年政治的梳理，正是在这一观念指导下进行的。则其论述讹误不断也就不可避免了。

总之，武帝在位期间，内兴功利，外事四夷，虽然取得重大成就，但也因此导致国敝民贫，社会动荡，朝政纷纭，重大的社会危机在其晚年接踵而至。为此他对过往的政治进行了深刻反思，并采取一系列措施，对此前所推行的扰民、劳民之政进行持续调整，而其标志性事件则是轮台之诏的颁布。

三、汉武帝托孤诸问题探析

由于武帝在调整统治政策的过程中，一则曰：“方今之务，在于力农。”再则曰“当今务在禁苛暴”云云。观此似属权宜之计，并且嗣后武帝很快去世，因此“终武帝之世，他并没有能够改革经济、司法领域那些导致民众疾苦的根本性政策问题，却也是无可否认的事实”[②]。而这也成为很多学者坚持认为武帝并没有改变其一贯的开边兴利之政的重要依据。

因此要想真正理清这一问题的头绪，就有必要将研究的视域向下延伸，考察一下霍光等辅臣大臣在昭帝时期推行的政策。如陈金霞指出要想判断武帝是否痛下决心改变以往政策，“我们必须通过考察武帝顾命的霍光在昭帝时期实行的政策，来进一步判断武帝《轮台诏》是否意味着政策

① 《专访辛德勇：巫蛊之祸真相：汉武帝确曾遭亲儿子诅咒》，凤凰网历史，2018 年 9 月 26 日，http：//news. ifeng. com/a/20180926/60085904_ 0. shtml

② 杨勇：《再论汉武帝晚年政治取向——一种政治史与思想史的联合考察》，《清华大学学报（哲学社会科学版）》2016 年第 2 期。

转变”[1]。因为霍光等是武帝临终前亲自委任的辅政大臣，武帝之所以让他们辅政当是认为他们能够贯彻自己的遗意。所以陈金霞这一思路无疑是有道理的。

武帝临终前选其少子刘弗陵为继嗣，一个重要原因就是认为刘弗陵像他，如《汉书·外戚传》云：“钩弋子年五六岁，壮大多知，上常言‘类我’。”因此欲以其少子为继嗣，完成其未竟的事业。由于其少子年幼，无法主持国政，必须组建一个忠于自己并能够贯彻落实自己遗志的团队，以辅佐其少子。故其临终前成立由霍光、金日磾、上官桀、田千秋、桑弘羊五人组成的辅政班子，当是出自慎选。

霍光、金日磾、上官桀等被委以重任，皆当以忠诚之故，而非如张继昊所言，当武帝病危之际，“三人正好在身边，虽然长期威震四方，但一个深处宫中的垂死老人，能依赖的也只有他们”[2]。如据《汉书·霍光传》，霍光初因其异母兄霍去病，十余岁即得入长安为郎，“稍迁诸曹侍中。去病死后，光为奉车都尉光禄大夫，出则奉车，入侍左右，出入禁闼二十余年，小心谨慎，未尝有过，甚见亲信”。据《汉书·金日磾传》，金日磾本为匈奴人，初养马黄门，因受武帝赏识而被拜为马监，迁侍中驸马都尉光禄大夫。“日磾既亲近，未尝有过失，上甚信爱之，赏赐累千金，出则骖乘，入侍左右。贵戚多窃怨，曰：‘陛下妄得一胡儿，反贵重之！’上闻，愈厚焉。”据《汉书·外戚传》，上官桀初为羽林期门郎，以材力迁官未央厩令，武帝因其忠诚，“由是亲近，为侍中，稍迁至太仆”。

考三人尤其是霍光、金日磾长期侍奉武帝左右而未尝有过失，应该在

① 陈金霞：《汉武帝〈轮台诏〉并非罪己诏》，《河南师范大学学报（哲学社会科学版）》2008年第6期。

② 张继昊：《汉武帝将立其子而杀其母说法的检讨——兼论汉武帝的皇位继承问题》，《空大人文学报》2003年12月第12期。

于他们都能够深刻领会武帝的意图，并能充分予以贯彻落实。因此他们“对武帝晚年思想的变化及其对后世的安排与期待，必有深刻的了解”[①]。具体到霍光而言，“霍光在武帝左右几十年，对这种情势，及武帝死前的心境，会感受得很清楚”[②]。因此武帝临终前特将霍光确定为辅政班子的领袖，如《汉书·霍光传》云：“政事一决于光。”并明确以金日磾、上官桀为霍光的副手，如《汉书·昭帝纪》云：“大将军光秉政，领尚书事，车骑将军金日磾、左将军上官桀副焉。”

田千秋、桑弘羊的人生此时都已进入暮年，如《汉书·田千秋传》云：“初，千秋年老，上优之，朝见，得乘小车入宫殿中，故因号曰‘车丞相’。”而据《盐铁论·贫富篇》，始元六年盐铁会议上，桑弘羊自称：“余结发束修，年十三，幸得宿卫，给事辇毂之下，以至卿大夫之位，获禄受赐，六十有余年矣。”是知后元二年桑弘羊为御史大夫时年岁亦甚大，二人皆已不堪担当大任。然武帝仍选他们为辅政大臣，当是因为田千秋位居丞相之职，地位举足轻重，当此敏感之时，将他纳入辅政团队，有利于稳定朝局，且据《汉书·田千秋传》，田千秋“为人敦厚有智，居位自称，逾于前后数公”，并非尸位素餐之徒。桑弘羊为理财能臣，长期担任财政官员，“为国家兴榷筦之利”，可协助霍光处理国家财政事务。

不过，由于桑弘羊是武帝时期的兴利之臣，若武帝确实要其继承者推行其晚年之政，似不应将其置于辅臣之列。故蒲慕州认为虽然武帝晚年“有意要走上原来卫太子所代表的路线。然而值得注意的是，由武帝所选定辅佐昭帝的霍光和桑弘羊二人来看，他虽然在轮台诏中表示了自己的态度，究竟没有下定决心。因为霍光代表的是保守，与民休息的方向，与卫

① 陈苏镇：《汉代政治与〈春秋〉学》，中国广播电视出版社2001年版，第292页。

② 徐复观：《〈盐铁论〉中的政治文化问题》，见《两汉思想史》（第三卷），华东师范大学出版社2001年版，第75页。

太子相同；而桑弘羊代表进取，与民兴利的方向”[①]。劳干也认为：“汉武帝轮台之诏，也只是认清楚了当时的客观形势，为了国家一定要做一番休息，决不允许再做新的进取。但在武帝的志愿里面，并未完全放弃进取。这就是武帝指定顾命大臣中，桑弘羊还要占一席之地的原因。”[②] 而由于五人辅政班子成员中桑弘羊与霍光、金日磾等三人在《汉书·田千秋传》《霍光传》中皆被言及，杨勇遂认为这三人“应是这个团体的核心”。进而断言武帝去世前提升桑弘羊为御史大夫辅佐幼主，“除了希望其继续推行各项政治方略外很难找到更好的解释。而这恰恰也是武帝及至去世前仍对其大政方针无转折的一个明白表示”[③]。

实则如前所述，劳干也认为桑弘羊并非不了解武帝晚年对时局的看法，他和田千秋等提出轮台屯田之策，是把轮台作为基础，把河西四郡的郡县方式，再向西推进一步。既在西域树立了郡县化的基础，也使大漠以北的游牧行国，处于两面受迫的情势，并且资源匮乏，不能再有所作为。[④] 亦即他们意在巩固汉朝在西域取得的成果，进一步强化对匈奴的围困，而这贯彻的正是武帝晚年“困胡”的政治策略。但由于在武帝看来当时的条件不允许汉朝这样做，方才暂且予以搁置。也就是说桑弘羊以及田千秋在武帝晚年是支持武帝对政策进行调整的。

至于杨勇认为桑弘羊属辅政团队的核心成员，也是不成立的。若果真如此，武帝就当让桑弘羊入内朝或中朝为将军，给予他参与决策的权力，

① 蒲慕州：《巫蛊之祸的政治意义》，见台湾《“中央研究院”历史语言研究所集刊》第57本第3分（1986年）。

② 劳干：《霍光当政时的政治问题》，见《古代中国的历史与文化》（上），中华书局2006年版，第141页。

③ 杨勇：《再论汉武帝晚年政治取向——一种政治史与思想史的联合考察》，《清华大学学报（哲学社会科学版）》2016年第2期。

④ 劳干：《霍光当政时的政治问题》，见《古代中国的历史与文化》（上），中华书局2006年版，第141页。

而不是让他充当执行决策的工具。因为从后来朝政的运行情况看，五位辅政大臣的分工甚分明，如据《汉书·田千秋传》，霍光曾明确对田千秋说："今光治内，君侯治外。"即居于内朝的霍光等将军主决策，居于外朝的丞相田千秋、御史大夫桑弘羊等理行政。如据《汉书·霍光传》，金日磾去世后，"光时休沐出，桀辄入代光决事"。田千秋、桑弘羊皆不得与。诸事皆得先关白霍光等中朝将军方可施行。如据《汉书·胡建传》，盖主欲朝廷惩治胡建，"大将军霍光寝其奏。后光病，上官氏代听事，下吏捕建，建自杀"。据《汉书·霍光传》，后上官桀等欲向霍光发难，亦是从中朝寻找机会，诈令人以燕王刘旦的名义上书告发霍光："候司光出沐日奏之。桀欲从中下其事，桑弘羊当与诸大臣共执退光。"据《汉书·杜延年传》，田千秋曾未经霍光同意，召群臣议事，霍光知道后，认为"千秋擅召中二千石以下，外内异言"，遂欲问罪于田千秋。关于"外内"，张晏称："外则去疾欲尽，内则为其壻也。"颜师古则认为："此说非也。外内，谓外朝及内朝也。"所谓"外内异言"实是"外"不从"内"。杜延年论及此事，亦称田千秋"至擅召中二千石，甚无状"。所以武帝让桑弘羊参与辅政，当如田余庆所言，实是因为"霍光还需要他理财办事"①，而非其他。

由于武帝的授权，加之霍光的权力运筹，昭帝即位后，政局的演进也显示汉朝的朝政基本就处在霍光的掌控之下，汉家之政基本就是霍光之政。而观霍光之政可窥武帝临终之遗意。因为霍光一直以来都忠实地贯彻执行武帝的意图，故其执政后，为了表达对武帝的忠诚，若继续推行武帝的政策也在情理之中。并且，霍光能主政，出自武帝的决断，若霍光一掌权即推翻武帝的政策，势必会影响到他执政的正当性，亦即起码在其统治初期，根基尚浅之时，通过继承武帝的遗志以维护武帝的权威也是现实的

① 田余庆：《论轮台诏》，《历史研究》1984年第2期。

需要。而观霍光之政，无论是其掌权之初，还是大权在握之时，其所推行的都是武帝晚年之政。究其原因，霍光忠于武帝是其一，霍光可能深度参与了武帝晚年之政的制定则是其二。

武帝后期，随着形势的变化，其身边的郎官内侍集团成员，不断地发生着分化与组合。如据《汉书·金日磾传》，侍中仆射莽何罗与江充“相善”。据《汉书·霍光传》，卫尉王莽子王忽武帝晚年为侍中，及至霍光等以武帝遗诏封侯后，王忽扬语：“帝崩，忽常在左右，安得遗诏封三子事！群儿自相贵耳。”则虽同为武帝近侍，但王忽与霍光等关系甚为疏离。据《汉书·苏武传》，李陵与苏武俱为侍中，二人关系“素厚”。苏武与上官桀、桑弘羊关系密切：“武素与桀、弘羊有旧。”据《汉书·李陵传》，霍光、上官桀又皆“素与陵善”。

霍光与上官桀的关系尤其密切。霍光与上官桀早在武帝去世之前就已结为姻亲关系。因《汉书·霍光传》云：“光与左将军桀结婚相亲，光长女为桀子安妻。”辛德勇认为根据文意审度，“霍光既然是嫁女于‘左将军’之子上官安，也应当发生在昭帝即位之初”[①]。然而《汉书·外戚传》云上官安与霍光长女所生女儿立为昭帝皇后时，“年甫六岁”，并称“皇后立十岁而昭帝崩”。据此逆推，上官皇后当生于后元元年即公元前88年。若如此，辛德勇认为：“以汉武帝之精明，恐怕不会安排霍光与上官桀一同接受顾命。”[②] 而《汉书·外戚传》载昭帝死时，上官皇后“年十四五云”。若按十四岁计算，该女当五岁立为皇后。据《汉书·金日磾传》云：“及上病，属霍光以辅少主，光让日磾。日磾曰：‘臣外国人，且使匈奴轻汉。’于是遂为光副。光以女妻日磾嗣子赏。”辛德勇遂认为上官皇后“出

① 辛德勇：《海昏侯刘贺》，生活·读书·新知三联书店2016年版，第103页。

② 辛德勇：《海昏侯刘贺》，生活·读书·新知三联书店2016年版，第103页。

生时间也应该定在昭帝登基的后元二年年底，那么，其母霍氏就应当是在昭帝甫一即位便嫁入上官家中，正与其女弟嫁入金家，情形相同”。亦即霍光要用联姻的方法，“试图与上官桀和金日磾结成利益同盟，使这个‘三人核心小组’完全听从自己的摆布”。进而得出一个结论：“综合分析上述情况，这桩政治婚姻，理应发生在霍光蒙受顾命之后，《汉书·外戚传》中上官氏六岁立为皇后的记载，似乎略有差误。”①应该说这仅是一个推测而已，然而接下辛德勇就将他的推理做实证来利用了，如他在《海昏侯刘贺》一书中径称昭帝病故时，“皇后上官氏刚刚十四岁”②。实则《汉书·外戚传》于上官氏年岁交待甚确：“凡立四十七年，年五十二，建昭二年崩。”是知上官氏确实生于后元元年，故霍光与上官桀结为姻亲关系是在武帝去世以前。而据《汉书·霍光传》，霍光推让主政之权，是在武帝将死之时：“后元二年春，上游五柞宫，病笃，光涕泣问曰：‘如有不讳，谁当嗣者？’上曰：‘君未谕前画意邪？立少子，君行周公之事。’光顿首让曰：‘臣不如金日磾。’日磾亦曰：‘臣外国人，不如光。’”霍光在关键时刻，举荐金日磾主持政务而非他人，于此可见其与金日磾相交之深。但若因此认为“霍、金二人之情谊又较诸他人为亲信”③，却是值得商榷的。因为霍光与上官桀是姻亲关系，当此之时，他实不宜举荐上官桀。当然张继昊认为“在武帝末年，同样活动在武帝身边的霍光、金日磾、上官桀三人，应可视为一个政治小集团”④，无疑是正确的。

霍光、金日磾、上官桀等关系密切武帝应该是清楚的，尤其是霍光、上官桀关系之亲密更是人所共知，既便如此，武帝还是毫无顾忌地将身家

---

① 辛德勇：《海昏侯刘贺》，生活·读书·新知三联书店2016年版，第102—104页。

② 辛德勇：《海昏侯刘贺》，生活·读书·新知三联书店2016年版，第121页。

③ 王美秀：《论〈汉书〉中匈奴人金日磾的身分转换》，《汉学研究集刊》2007年第4期。

④ 张继昊：《汉武帝将立其子而杀其母说法的检讨——兼论汉武帝的皇位继承问题》，《空大人文学报》2003年12月第12期。

性命托付给他们，显现出对他们的绝对信任。

武帝如此信任霍光等，应该与文帝时贾谊的建言有关。文帝时，汉家统治一度陷入尴尬境地。当时皇权所可依靠的力量不过三种：异姓大臣、外戚、宗室。然高帝时的经历显示，异姓大臣一旦大权在握，就会起而作乱；吕后时的政治显示，外戚权重，可能倾危社稷；而文帝时宗室诸侯王又反叛不时，总之，竟是无人可用。然而，据《汉书·贾谊传》，贾谊认为君主不必为无人辅助而忧虑，因为只要君主能够善待大臣，“厉廉耻行礼谊”，就能够使大臣“顾行而忘利，守节而仗义，故可以托不御之权，可以寄六尺之孤”。文帝于是“深纳其言，养臣下有节”。其中尤重中尉周亚夫与中郎将卫绾。临终前，特告诫景帝要重用周亚夫，善待卫绾。景帝继位后，在大力推行削藩政策的同时，效法乃父，厚待自己欣赏的臣下，如他以卫绾敦厚，可相少主，因尊宠之，赏赐甚多。并且此举也颇见成效，如七国之乱就是在周亚夫的领导下平定的，卫绾则成了景帝的托孤之臣。

就武帝而言，由于他与文帝、景帝一样疑忌宗室、外戚，在其人生进入暮年，执政能力持续下降的情况下，为维护皇朝的稳定、自身的安全，武帝便效法其父祖，“将希望寄托在一些忠诚的臣僚如霍光、金日磾、上官桀等人身上，对他们予以重点考察和培养”①。如对于霍光，刘曙光指出武帝与霍光之间，“长期保持着超出一般君臣之间的密切关系和深厚感情”②。故武帝最终将自己的身家性命托付给了他们。在此情况下，忠于自己的亲信们之间关系融洽亲密，对武帝而言并不是坏事。

巫蛊之祸后，面对动荡的政局，武帝更加借重此数人的力量。据《汉

① 李峰：《巫蛊之祸：西汉中期政坛秘辛》，河南大学出版社 2015 年版，第 75 页。
② 刘曙光：《论汉武帝托孤》，《天津师大学报（社会科学版）》1993 年第 3 期。

书·霍光传》，后元元年，武帝行幸林光宫，三人皆从，莽何罗等谋逆，“时光与金日磾、上官桀等共诛之”。时武帝“察群臣唯光任大重，可属社稷”。可知在武帝看来，霍光不仅具有贾谊所说的念主忘身、忧国忘家的品性，而且在重大问题上有主见、敢担当。是知其以中朝臣身份参议国家政务，对武帝影响甚大，则武帝晚年在重大决策上征求并采纳其意见是可以想见的。故成祖明称：“《轮台诏》的颁布和整个帝国政策的转向与霍光集团在武帝晚年内侍集团中崛起有关。事实上，与其说武昭之际，霍光延续了武帝晚年与民休息政策，不如说这一政策就是霍光等武帝晚年内侍集团自己的主张。在经历巫蛊之祸后朝廷为之一空，政局极度不稳，内无太子宿卫，连武帝本人的人身安全都随时受到威胁。在这一情况下，霍光集团受到依重，在内侍集团中崛起，其政见由是对武帝产生重要影响。因此，《轮台诏》的颁布并非简单的武帝个人一时悔意和转向，而是其时内侍集团整体的转向。”① 这一看法颇有道理，亦即武帝晚年的政策很可能就是在霍光等内侍官员，尤其是在霍光的协助下制定并推行的，所谓的武帝临终之遗意亦为霍光之主张，霍光能不贯彻落实？当然成祖明称武帝晚年的政治转向“是其时内侍集团整体的转向”是不确切的，内侍集团只是一个统治群体，构成这一群体的每一个个体可谓各怀心思，并非铁板一块。

需要指出的是，颇多学者怀疑武帝临终的安排可能并非出自其本意。如针对武帝让霍光主政一事，李源澄认为“自汉初以来政事皆在丞相，政事一决于霍光，未必为武帝之意”。霍光秉政、领尚书事，是自领之，非遗诏所授；霍光等三人以武帝遗诏封侯，王忽扬言无其事，霍光听说后，切责王忽之父王莽，王莽鸩杀王忽。这说明王忽之言“必可信”。戾太子

① 成祖明：《内部秩序与外部战略：论〈轮台诏〉与汉帝国政策的转向》，《清华大学学报（哲学社会科学版）》2016 年第 2 期。

死后，武帝不立其年长诸子而立其幼子，且处死其母，“此皆难明之事”[①]。西嶋定生认为：“所谓武帝遗诏及其人事，或许就是由霍光等内廷近臣所制造出来的。”[②] 吕思勉称：“盖武帝末年，继嗣之际，事有不可知者矣。”如史言武帝崩前要霍光行周公之事，吕思勉认为：“夫光疏贱，武帝即欲托以后事，岂得拟之周公？”又称：“画周公负成王朝诸侯以赐光之语，又安知非光等为之邪？然则昭帝之立，果武帝意与否，信不可知矣。”[③] 姚秀彦认为：“武帝立少子后即崩，宫中事秘，真象若何，不能确知，但武帝老耄去世，立一八岁少子，颇为意外。”[④] 方诗铭认为：“刘弗陵的立为太子十分匆促，并可能存在不可告人之隐。”又称：“汉昭帝的继位，很可能不完全出于武帝的本意，至于武帝本人之死，也很可能是一个历史的谜。”武帝去世前立太子之诏、让霍光等辅少主之诏、武帝封霍光等为侯之诏以及甘肃玉门花海发现的遗诏等都可能是霍光等“伪造”。意为武帝末年，可能已被霍光等所控制。[⑤] 鲁惟一认为武帝临死前，继位的太子尚未指定，“据报道，霍光曾向武帝询问后事。武帝的遗愿究竟实现到什么程度，其遗愿在多大程度上是霍光自己的意图，这个问题可能永远搞不清楚”[⑥]。张继昊认为在武帝垂死之际，“取得当时宫内发言代表身分的霍光等三人，由于专制政体下内、外的隔绝，在整个过程中是否加了些料，作了某些调

---

① 李源澄：《秦汉史》，商务印书馆 1947 年版，第 55—56 页。

② ［日］西嶋定生著，李开元译：《武帝之死》，见刘俊文主编，黄金山、孔繁敏等译：《日本学者研究中国史论著选译》（第三卷 · 上古秦汉），中华书局 1993 年版，第 590 页。

③ 吕思勉：《秦汉史》，上海古籍出版社 1983 年版，第 150—151 页。

④ 姚秀彦：《秦汉史》，台湾三民书局 1983 年版，第 201 页。

⑤ 方诗铭：《西汉武帝晚期的“巫蛊之祸”及其前后——兼论玉门汉简〈汉武帝遗诏〉》，见《上海博物馆集刊》（总第 4 期），上海古籍出版社 1987 年版，第 366—368 页。

⑥ ［英］崔瑞德、鲁惟一编，杨品泉、张书生、陈高华等译，张书生、杨品泉校订：《剑桥中国秦汉史》，中国社会科学出版社 1992 年版，第 161 页。

整，也不是不合理的怀疑”[①]。

诸家之说虽然言之凿凿，然有两个反证无法排除，其一，将资深理财官员桑弘羊，提拔至御史大夫之位，并让其厕身辅政大臣之列；其二，让燕王刘旦、广陵王刘胥的同母姐姐鄂邑盖长公主，居禁中照顾昭帝的起居。因为以霍光之谨慎，若他已掌控了局势，何以要委用此二人，让他们对自己形成内外掣肘之势？这只能说明武帝直到去世前都掌控着朝政，从立太子到安排辅政大臣都是他从自己的立场出发，独立作出的决断。

综上，霍光能主政是由于武帝认为他能够继续贯彻落实自己晚年之政而作出的决断，而霍光也确实是这样做的。

四、汉武帝转向的历史回响：昭宣中兴

检讨史实，可知霍光当政期间所推行的就是武帝晚年政治转向后的大政方针，但是陈苏镇等对此却不予认同。如陈苏镇认为霍光执政十九年，并未放弃征服天下的主张，只是为了恢复国力、缓解社会矛盾而推迟了征服匈奴的时间，放慢了经营西域的节奏：“总地看，他所推行的并非‘孝文时政’，而是武帝晚年确定的方针。”[②] 陈金霞认为霍光主政期间仍然施行的是武帝轮台之诏前的政策。[③] 辛德勇称：“汉武帝临终前精心安排的托孤诸臣，不管是霍光，还是桑弘羊、上官桀、车千秋这些人，后来实际上都是在继续执行汉武帝一以贯之的施政方针，看不出市村瓒次郎和田余庆

① 张继昊：《汉武帝将立其子而杀其母说法的检讨——兼论汉武帝的皇位继承问题》，《空大人文学报》2003 年 12 月第 12 期。

② 陈苏镇：《汉代政治与〈春秋〉学》，中国广播电视出版社 2001 年版，第 295 页。

③ 陈金霞：《汉武帝〈轮台诏〉并非罪己诏》，《河南师范大学学报（哲学社会科学版）》2008 年第 6 期。

等人所说的路线转变。”[①] 观诸位学者的论据，主要有如下几点：

首先，对霍光在昭帝时推行的德政或略而不论，或故意淡化其作用。霍光一主政，便励精图治，普施德政。如他让昭帝一改武帝的奢靡之风，即位以后，从未出巡过一次，且甚少大事兴作，并先后两次让昭帝行亲耕礼以示重农。对武帝时期实行的马政进行调整。罢边郡以息民力。针对灾害情况，减免百姓租税。减轻刑罚，多次大赦天下。对百姓进行赈贷赏赐，扶持弱势群体。遣使持节视察郡国，举荐贤良，了解民生疾苦。诏举贤良文学。然而陈金霞虽承认霍光辅政期间在轻徭薄赋方面确实有很多举措，可是却将此解释为：“但是这不是武帝的指示，而是社会现实迫使他做出的选择。”殊不知武帝晚年政治转向就是因现实所迫而为，其选中霍光主政就是意在让他继承自己的遗志，扭转汉朝面临的严峻形势。陈苏镇对此则轻描淡写地说霍光执政十九年，“有‘轻徭薄赋，与民休息’的一面，也有‘因循守职，无所改作’的一面”[②]。而这显然是缺乏说服力的。就“因循守职”而言，应该是说霍光“对于武帝轮台诏令的政策仍在坚持继续贯彻下去”[③]，而非继续贯彻执行武帝此前的内兴功利、外事四夷的国策。

其次，认为霍光并没有放弃武帝时的开边政策。如陈金霞认为“在对外战争问题上，武帝政策未变”[④]。陈苏镇认为桑弘羊是武帝开边兴利政策的支持者，在对外政策方面，“霍光的主张与桑弘羊亦无本质的不同”[⑤]。

诚然，在发展民生的同时，霍光对异族也展开了一系列军事行动。然

① 辛德勇：《制造汉武帝》（增订本），生活·读书·新知三联书店2018年版，第20页。
② 陈苏镇：《汉代政治与〈春秋〉学》，中国广播电视出版社2001年版，第295页。
③ 张烈：《评盐铁会议》，《历史研究》1977年第6期。
④ 陈金霞：《汉武帝〈轮台诏〉并非罪己诏》，《河南师范大学学报（哲学社会科学版）》2008年第6期。
⑤ 陈苏镇：《汉代政治与〈春秋〉学》，中国广播电视出版社2001年版，第296页。

细加分析，可发现这些军事行动，皆是为了巩固武帝时已取得的胜利果实，而非如武帝时那样穷兵黩武，开疆拓土。并且在此过程中，为少侵扰百姓，霍光尽可能地使用刑徒、招募吏民及征调事发地附近的士卒从军征讨。

具体到与匈奴的关系而言，霍光虽不放弃与匈奴的博弈，但一般不再主动与匈奴发生正面冲突，而是加强对边疆地区的警戒，一旦受到攻击，即强力反制，务必使敌人有来无回，但一般不穷远追讨。

陈金霞为证霍光当政后“汉匈战争并没有停止，仍然持续”[①]，举后元二年、元凤元年、元凤三年春汉匈纷争为例。由于元凤三年冬霍光曾发兵主动出击匈奴，故陈苏镇称匈奴遭武帝沉重打击，昭帝时常有和亲之意，然而史书载霍光虽然有羁縻匈奴的反应，“而事实上，霍光不仅对匈奴的侵扰进行坚决反击，还抓住战机对匈奴发起进攻”[②]。言下之意，霍光并没有放弃武帝穷兵黩武的政策。

对此首先要指出的是，守疆卫土是主政者的职责。故虽是被汉人津津乐道的推行文治的汉文帝，当匈奴侵扰时，也并非一味退让，任由匈奴欺凌而不做反抗。如据《史记·文帝本纪》，文帝十四年冬，匈奴侵汉，文帝“以东阳侯张相如为大将军，成侯赤为内史，栾布为将军，击匈奴。匈奴遁走”。就陈金霞、陈苏镇等所举诸例而论，如李浩所言：“皆系匈奴主动挑衅或乌桓反叛，汉朝自卫反击而已。”[③] 不过，由于元凤三年冬之役确属汉朝主动出击匈奴，故有必要对是役略作剖析。

据《汉书·匈奴传》，当年“匈奴三千余骑入五原，略杀数千人，后

① 陈金霞：《汉武帝〈轮台诏〉并非罪己诏》，《河南师范大学学报（哲学社会科学版）》2008年第6期。

② 陈苏镇：《汉代政治与〈春秋〉学》，中国广播电视出版社2001年版，第296页。

③ 李浩：《司马光重构汉武帝晚年政治取向”说献疑——与辛德勇先生商榷》，《中南大学学报（社会科学版）》2015年第6期。

数万骑南旁塞猎，行攻塞外亭障，略取吏民去”。而汉朝却无从反制，以致国威大损。从提振士气，安抚边郡的角度考虑，朝廷有必要采取相应的措施对匈奴予以震慑。及得匈奴降者言，匈奴方发二万骑报复乌桓，霍光遂欲发兵邀击之。时附塞为汉所监护的乌桓已反，对汉朝而言也有发兵之必要。据《后汉书·乌桓列传》，乌桓本为东胡人，居于匈奴左地，秦汉之际为冒顿攻破后，“众遂孤弱，常臣伏匈奴，岁输牛马羊皮，过时不具，辄没其妻子。及武帝遣骠骑将军霍去病击破匈奴左地，因徙乌桓于上谷、渔阳、右北平、辽西、辽东五郡塞外，为汉侦察匈奴动静。其大人岁一朝见，于是始置护乌桓校尉，秩二千石，拥节监领之，使不得与匈奴交通”。显见经过武帝的经营，上谷等五郡塞外沿边地区已被划入汉朝的势力范围，乌桓也已被置于汉朝的控制之下。昭帝时，乌桓渐强，元凤三年冬反，屡屡犯塞，若任由其发展，将对汉朝的辽东地区构成严重威胁。而元凤三年冬之役谋划也甚周全。所遣主将度辽将军范明友为霍光女婿，以其为将，可保三军用命；调沿边七郡士卒近塞做战，可不烦内郡而收以逸待劳之效；击敌于猝不及防，可成突袭之功。故虽未出兵已先立于不败之地。当然由于匈奴是长途奔袭，其可能不愿与汉军交战，若出现这种情况，霍光认为范明友应该趁势解决乌桓问题。是役范明友将二万骑出辽东邀击匈奴，虽未能与匈奴交战，然“明友乘乌桓新败，遂进击之，斩首六千余级，获其三王首而还。由是乌桓复寇幽州，明友辄破之”。显见霍光此举虽属主动出击，实为近塞作战，而非穷远追讨，且考虑周密，故将其视为是推行武帝时期穷兵黩武的政策是不恰当的。

陈苏镇又举霍光让傅介子刺杀楼兰王之例，以证霍光所行为武帝开边兴利之政。[①] 西域是武帝时期图制匈奴的举措中的重要一环，并且成效甚

① 陈苏镇：《汉代政治与〈春秋〉学》，中国广播电视出版社 2001 年版，第 296 页。

著。据《汉书·韦玄成传》云："西伐大宛，并三十六国，结乌孙，起敦煌、酒泉、张掖，以隔婼羌，裂匈奴之右肩。"昭帝初，匈奴人乘汉朝不再对外用兵之机，在西域扩张势力，利用其设在西域的统治机构僮仆都尉，处理西域事务，赋税诸国。西域一些原听命汉朝的国家以为汉朝无暇西顾，屡屡冒犯汉朝。如楼兰暗中与匈奴勾结，先后杀略卫司马安乐、光禄大夫忠、期门郎遂成等，及安息、大宛使臣，并盗取汉使所携带的节印及安息、大宛使臣所献之物等。显见若不及时予以惩治，汉朝有失去西域之虞。而汉朝经过元凤二年、元凤三年春两次大败匈奴，元凤三年冬又攻破乌桓，一时声威大振，这也意味着解决西域问题的时机已经成熟，于是元凤三、四年间，霍光遣傅介子先后两次出使西域，携大败匈奴、乌桓之威迫使龟兹、楼兰两国服罪，诛匈奴使者于龟兹，又刺杀楼兰王，持其首而归，不烦师众而威震西域，据《汉书·傅介子传》称，举朝为之振奋："公卿将军议者咸嘉其功。"

据《汉书·宣帝纪》，宣帝继位后，因为"匈奴数侵边，又西伐乌孙"，曾于本始三年发兵十五万击匈奴。不过其时由于霍光尚主政，故其事不当归入宣帝之政。然而霍光为人一贯小心谨慎，且此时人生已进入持禄保位的暮年，何以要对匈奴大动干戈？杨勇认为是役是霍光在对匈奴取得防御性胜利之后，将对匈奴战略转为"积极进攻"的标志性事件，认为从其发兵人数及出塞里程看，"汉以此役一举武力臣服甚至消灭匈奴的决心可以显见，这正是武帝对匈奴武力政策的继续和深化"①。林聪舜也认为霍光在"对外政策方面，与桑弘羊差异亦不大，持续对西域和匈奴用兵。宣帝本始二年，更动员'五将军兵凡二十余万众'，大举出征匈奴，规模

① 杨勇：《再论汉武帝晚年政治取向——一种政治史与思想史的联合考察》，《清华大学学报（哲学社会科学版）》2016 年第 2 期。

不逊于武帝时期的大战役"[1]。但笔者认为，若从宣帝初年的朝政看，此举当与霍光与宣帝的权力博弈有关。

元平元年七月，宣帝被霍光立为皇帝。关于宣帝与霍光的关系，西嶋定生认为"尚为安稳"[2]。辛德勇更是认为宣帝即位以后，"处事确实很像已故的孝昭皇帝，几乎没有表现出任何控制权力的欲望"[3]。实则并非如此。如李源澄就指出宣帝"即位之初，亦几蹈昌邑王覆辙，虽史无明文，而可以参验以明之"[4]。宋超认为宣帝"在君臣表面上和睦相处的背后，则是对霍光细致入微的提防"[5]。张小锋亦称："为了培植起一股能掣肘霍光大权的亲己势力，宣帝便借助昭雪事件大作文章，极力拔擢微故旧恩，并委以重任。"[6]

笔者在学界已取得成就的基础上，对宣帝初年的政治继续进行探讨，发现"汉宣帝即位至地节二年三月霍光去世前，汉代朝政呈现出二元政治态势。由于宣帝与霍光彼此有求于对方，因此二人在一定程度上能够相互配合，共同推行一系列有助于稳定时局的政策、措施。同时由于双方有着不同的利益诉求，因而暗中斗争颇为激烈，从而对皇朝的稳定也造成了相当严重的影响"[7]。

征伐匈奴的动议就是在这样的背景下提出的。当时霍光仍专擅朝政，但在形式上，却让宣帝当国理事，发号施令。如据《汉书·霍光传》，本

---

① 林聪舜：《盐铁会议的政治义涵新探——霍光的意图与桑弘羊在处境认知上的盲点》，《台大文史哲学报》2018 年 5 月（第 89 期）。

② ［日］西嶋定生著，李开元译：《武帝之死》，见刘俊文主编，黄金山、孔繁敏等译：《日本学者研究中国史论著选译》（第三卷·上古秦汉），中华书局 1993 年版，第 615 页。

③ 辛德勇：《海昏侯刘贺》，生活·读书·新知三联书店 2016 年版，第 150 页。

④ 李源澄：《霍光辅政与霍氏族诛考实》，《文史杂志》1942 年第 2 卷第 9、10 期。

⑤ 宋超：《"霍氏之祸，萌于骖乘"发微——宣帝与霍氏家族关系探讨》，《史学月刊》2000 年第 5 期。

⑥ 张小锋：《西汉中后期政局演变探微》，天津古籍出版社 2007 年版，第 21 页。

⑦ 李峰：《汉宣帝与霍光的权力博弈探析》，《历史教学》2015 年第 12 期。

始元年春，霍光故作姿态，表示要归政养老，宣帝洞悉其意，“谦让不受，诸事皆先关白光，然后奏御天子”。于是便造成了霍光主决策，宣帝负责落实的事实。就本始二年朝廷作出征伐匈奴的决定而言，由于动作甚大，一旦施行，必将天下骚动。然检索史书却不见有任何人提出异议。事实上，当时的朝廷可谓人才济济，如张安世、杜延年皆精于政务，赵充国更是老兵宿将，明悉边疆形势，然皆无异言。尤其是赵充国，老成谋国，据《汉书·匈奴传》，元凤三年，霍光不过是想发兵二万邀击匈奴，且胜算甚大，他便不赞成：“乌桓间数犯塞，今匈奴击之，于汉便。又匈奴希寇盗，北边幸无事。蛮夷自相攻击，而发兵要之，招寇生事，非计也。”现在霍光要大发兵，身为后将军的赵充国却不出一言。合理的解释只能是由于宣帝即位后，通过采用发展外戚势力、施恩宗室贵族、分化霍氏集团、重用宫中宦官、拔擢微时故旧等手段，努力拓展权力空间，从而给霍光带来了极大的压力。为反制宣帝，霍光遂决定大发兵征伐匈。由于事涉权力博弈，故他人皆不敢置啄。因为征伐匈奴的决策虽是霍光定的，但各项工作的具体落实却要由宣帝来完成，这势必给宣帝带来极大的麻烦，并且一旦战事不利，宣帝还要承担责任。

另外陈金霞、陈苏镇、辛德勇等皆举昭帝屯田轮台之事，以证昭帝时推行的是武帝开边兴利之政。

此事有学者认为发生在“元凤年间”①。然而《汉书·西域传》称：“昭帝乃用桑弘羊前议，以杆弥太子赖丹为校尉，将军田轮台，轮台与渠犁地皆相连也。”故施之勉认为“据《昭帝纪》，桑弘羊谋反伏诛，在元凤元年。则校尉赖丹，屯田轮台，当在始元年间”②。劳干也认为轮台及渠犁

① 李炳泉：《西汉西域渠犁屯田考论》，《西域研究》2002 年第 1 期。

② 施之勉：《屯田轮台在昭帝时》，《大陆杂志》1974 年第 49 卷第 1 期。

屯田的时间，“当在昭帝始元元年至始元七年间”，认为此举“显然是桑弘羊当政时的主张”。并指出因为当时政治还是保守的，“桑弘羊的主张显然还未十分贯彻”。其理由是：第一，原来计划用三个校尉，此时只用一个校尉，并且还利用胡人为校尉。第二，并未曾照过去的拟议大量移民及增筑亭隧，并且还定一个逐渐进行的计划。这种缩小了的轮台屯垦，也就深深影响到汉朝对于西域的地位。①

劳干的看法是有道理的，但他将当时的政治保守作为未能完全贯彻桑弘羊的主张的理由，显然是没有注意到这其实是霍光与桑弘羊政治博弈的结果。因为以霍光之谨慎，若他支持屯田轮台，势必会全面落实桑弘羊的建议，将轮台屯田置于与张掖、酒泉相接，东西贯通的军事网络之上，因为只有这样才能保证屯田工作顺利进行，故如此草率行事，当非出自他的本意，而是桑弘羊施压的结果。

霍光当政之初，虽然被武帝赋予专断国是之权，但因资历太浅，故很长时间难以确立自己的权威。如符玺郎之抗命不从、王忽之肆意嘲讽、胡建之死、上官氏之封后等事，都显示了霍光处境的尴尬。这也从一个侧面显示霍光在元凤元年除掉桑弘羊等而威震海内之前，虽为汉朝的主政者，但在许多政务的处理上仍不得不与桑弘羊等辅政大臣妥协。

就屯田轮台之事而言，当是桑弘羊坚持其主张，霍光虽不赞同，可又无力予以阻止，因为武帝当年只是说暂时搁置此议。于是便消极应对，其结果就是仅以赖丹为校尉，将军田轮台，而赖丹因没有后援遂为龟兹所杀。

再次，通过时人的一些言论以证霍光所推行的仍是武帝的开边兴利之

① 劳干：《汉代西域都护与戊己校尉》，见台湾《“中央研究院”历史语言研究所集刊》第28本上（1956年）。

政。由于昭帝时，杜延年曾建言霍光“宜修孝文时政”，辛德勇以为这“就意味着汉武帝治理国家的大政方针，绝没有在刘彻去世前发生过根本性转变，并且一直延续到昭帝时期，依然如此”[①]。认为盐铁会议上贤良文学抨击武帝劳扰天下、苛虐子民的内外政策，班固在《汉书·武帝纪》赞中批评武帝暴虐子民，无一语提及武帝晚年悔过之举等，也显示昭帝即位以来一直推行的就是武帝的开边兴利之政。

检讨《汉书·昭帝纪》，昭帝甫一即位，霍光便连续推行德政，史言其“知时务之要”，亦即关于如何治国霍光是有主见的，杜延年得信于霍光可理解为两人政见相同。据《汉书·杜延年传》，杜延年自霍光一秉政，即以“吏材有余”而被霍光任命为军司空，后为谏大夫。史言其“见国家承武帝奢侈师旅之后，数为大将军光言：‘年岁比不登，流民未尽还，宜修孝文时政，示以俭约宽和，顺天心，说民意，年岁宜应。’光纳其言，举贤良，议罢酒榷盐铁，皆自延年发之”。是知其建言非一次，且其议为霍光采纳者甚多，如“霍光宽和司法”，就当与杜延年的建言有关。[②] 所谓举贤良、议罢酒榷盐铁是举其大者而言之，辛德勇因此而认为武帝晚年政治取向没有发生变化是值得商榷的。

辛德勇为证汉武帝晚年的治国路线没有转变，特引《盐铁论》以证：“如前所述，我认为《盐铁论》的记载，是最重要、最基本的史料依据，如果说汉武帝晚年的治国路线有过根本性的重大转折，那么，就通不过《盐铁论》的检验，这样的认识就不能成立。”[③] 但事实并不支持辛德勇对《盐铁论》一书的看法，《盐铁论》中未言及武帝晚年政治转向事，可从

① 辛德勇：《制造汉武帝》（增订本），生活·读书·新知三联书店 2018 年版，第 21 页。

② 杨勇：《再论汉武帝晚年政治取向——一种政治史与思想史的联合考察》，《清华大学学报（哲学社会科学版）》2016 年第 2 期。

③ 辛德勇：《〈制造汉武帝〉的后话》，《制造汉武帝》（增订本），生活·读书·新知三联书店 2018 年版，第 192 页。

两个方面进行解释。

一方面，盐铁会议上贤良文学抨击武帝之政，乃在于武帝政治转向起步甚晚，又因庶事繁杂，无暇多顾，因而只能是粗陈大纲，指明方向而已，产生实效已是其身后之事了，故不为儒生所认可。

另一方面，《盐铁论》一书是经过加工整理而成的，其中有虚构成分，不可尽信。盐铁会议确实有会议记录，这些资料至宣帝时尚在，遂有桓宽的《盐铁论》一书。据《汉书·公孙刘田王杨蔡陈郑传》赞语称，当时，既"治《公羊春秋》"又"博通善属文"的桓宽，利用盐铁会议的会议记录，"推衍盐铁之议，增广条目，极其论难，著数万言，亦欲以究治乱，成一家之法焉"。亦即在班固看来，该书属托事立言。徐复观则认为："就《盐铁论》所记的辩论经过的情况，及各人立言的分寸来看，决不是未参与其事的人所能悬拟的。"① 虽然学者对该书的看法颇相歧异，但从结构安排与语言运用看，该书"文本结构具有有意编排的特征，语言具有强烈的倾向性，反映出桓宽尊崇儒家、批评法家的情感指向"②，却是不争的事实。并且该书文字颇多与史实不合或自相矛盾处，存在臆造的成分。如《盐铁论·国疾篇》云："杨可告缗，江充禁服，张大夫革令，杜周治狱，罚赎科適，微细并行，不可胜载。……圣主觉焉，乃刑戮充等。"其中张大夫指御史大夫张汤。就这几个人的结局而言，"张汤系自杀而死，杜周病死，杨可不知所终，而江充则是被卫太子杀死的"③。另如同为一事，《盐铁论》却有两说。如《伐功篇》载文学对桑弘羊称："前君为先帝画匈奴之策：'兵据西域，夺之便势之地，以候其变。以汉之强，攻于匈奴

① 徐复观：《〈盐铁论〉中的政治文化问题》，见《两汉思想史》（第三卷），华东师范大学出版社2001年版，第77页。

② 聂济冬：《〈盐铁论〉文本结构与意旨》，见《汉籍与汉学》（第2期），山东人民大学出版社2018年版，第103页。

③ 田余庆：《论轮台诏》，《历史研究》1984年第2期。

之众，若以强弩溃痈疽；越之禽吴，岂足道哉！’上以为然。用君之义，听君之计，虽越王之任种、蠡不过。以搜粟都尉为御史大夫，持政十有余年，未见种、蠡之功，而见靡弊之效。”苏诚鉴据此认为大宛之役就是贯彻“兵据西域”之策的“必要行动”[①]。但文学之语显然是指桑弘羊为搜粟都尉之后的事情，由于桑弘羊是在天汉四年由大司农贬为搜粟都尉，这意味着“‘兵据西域’之策的执行只能在天汉四年以后，后元二年武帝死前”[②]。而在此期间桑弘羊关于经略西域的建言仅轮台屯田事，且考其大意颇与文学之言相合，然征诸文献，《伐功篇》中文学之言颇不合于史实。《地广篇》载文学云：“夫治国之道，由中及外，自近者始。近者亲附，然后来远；百姓内足，然后恤外。故群臣论或欲田轮台，明主不许，以为先救近务及时本业也。故下诏曰：‘当今之务，在于禁苛暴，止擅赋，力本农。’公卿宜承意，请减除不任，以佐百姓之急。”《地广篇》中文学所言虽属实，然文学继而又言：“今中国弊落不忧，务在边境。”却又与昭帝时的史实不合。似此等显而易见的问题，却不见桑弘羊等予以驳斥，显然不合常理。另外，据《取下篇》显示，会议结束后，田千秋等上奏处理对策：“奏曰：‘贤良、文学不明县官事，猥以盐、铁为不便。请且罢郡国榷沽、关内铁官。’奏：‘可’。”事实上，据《汉书·昭帝纪》，霍光最终只是同意“罢榷酤官，令民得以律占租，卖酒升四钱”。凡此数事可知该书有虚构成分，不可尽信。

有鉴于此，辛德勇笃信《盐铁论》已不可取，而杨勇又称：“这本成书于汉宣帝时期的著作完整、详细地记录了盐铁会议这场大百科全书式论辩的实况，是我们了解汉武帝晚年、汉昭帝初年政治最重要的史料。其史

---

① 苏诚鉴：《谈〈史记·大宛列传〉叙大宛之役》，《历史研究》1979 年第 12 期。

② 李开元：《论汉伐大宛和汉朝的西方政策》，《西北史地》1985 年第 1 期。

料价值甚至比《汉书》还要高。”[①] 胡文辉也认为，“作为盐铁会议的档案综录，《盐铁论》相当贴近汉武帝晚年之时，其可信度不言而喻”[②]。未免信古过甚。

霍光主政后，德政频出，然对于武帝时实行的深为百姓所诟病的盐铁酒专营、均输平准政策，却未做任何变更。究其原因，是因为武帝时推行的这些政策已成为国家重要的税收来源，将其废除会影响国家的财政收入；同时御史大夫桑弘羊也不会同意废黜这些政策。桑弘羊自元封元年起，长期主持国家财政，就盐铁酒专营、均输平准政策而言，其虽非盐铁专营的首倡者，但盐铁专营的大发展却是由其推动的。均输平准政策更是由他所推行，因此盐铁酒专营与均输平准政策，可谓桑弘羊平生的得意之作。其能在武帝时期长期身居高位，并在武帝去世前被提拔为御史大夫，厕身托孤重臣之列，都是因为这些政策。其时，虽然“霍光以大将军居内朝主政，但朝廷的官僚结构及政令推行的机能，依然是在外朝而不是内朝”。而桑弘羊“资望远出车千秋乃至霍光之上，为事实上的外朝领袖人物。要修改桑弘羊三十余年所掌握的财经政策，不是一件容易的事情”[③]。并且“在桑弘羊受武帝遗诏，由搜粟都尉迁为御史大夫后，由于并未任命新的大司农，可以推知他在担当御史大夫的同时，仍然兼管大司农，掌握国家财政”[④]。故霍光当政后，对武帝时期的许多政令颇有变更，唯对盐铁酒专营、均输平准等政策未能做出任何改变。

而霍光之所以采纳杜延年建议，在始元六年二月招贤良、文学举行盐

---

① 于淑娟：《杨勇：从武帝晚年到霍光时代都未完成“守文”转向》，澎湃新闻，2016 年 3 月 26 日，https：//www. thepaper. cn/newsDetail_ forward_ 1446976

② 胡文辉：《从〈盐铁论〉看晚年汉武帝》，《东方时报》2016 年 8 月 28 日第 A11 版。

③ 徐复观：《〈盐铁论〉中的政治文化问题》，见《两汉思想史》（第三卷），华东师范大学出版社 2001 年版，第 76 页。

④ ［日］西嶋定生著，李开元译：《武帝之死》，见刘俊文主编，黄金山、孔繁敏等译：《日本学者研究中国史论著选译》（第三卷 · 上古秦汉），中华书局 1993 年版，第 591—592 页。

铁会议，当是由于随着变革的持续深入，以霍光为首的中朝官与以桑弘羊为首的外朝官的矛盾愈来愈激烈，为政令通畅考虑，要求霍光采取措施，来“压倒外朝所承袭的武帝的战时财经政策，以便作若干修正转换”。另外，霍光也想借此加快其专断朝政的进程，而这对霍光而言尤为重要。而“要从桑弘羊手上夺取财经大权，必先打击桑弘羊所凭籍的财经政策”。之所以让贤良、文学来代自己攻击桑弘羊，是因为贤良、文学挟民意而来，“由贤良文学在朝廷上公开反映出人民对盐铁政策的反对，即足以使桑弘羊失掉他所挟以自重的政治资本”①。而从此次会议的结果也可以看出，霍光举行盐铁会议，重在打击桑弘羊，而非为了罢黜盐铁等政策。因为此次会议辩论双方虽然斗争激烈，但最终的结果却不过是《汉书·昭帝纪》所称“罢榷酤官，令民得以律占租，卖酒升四钱”而已，并且还是在迁延数月之后的始元六年七月。后桑弘羊等被铲除，霍光大权独揽，也没有再对盐铁专营、均输平准等政策进行调整。

自昭帝即位至议罢盐铁榷酤这段时间的政绩，颇与文帝时期相仿佛，如《汉书·昭帝纪》赞称霍光辅佐昭帝，“承孝武奢侈余敝师旅之后，海内虚耗，户口减半，光知时务之要，轻徭薄赋，与民休息。至始元、元凤之间，匈奴和亲，百姓充实。举贤良文学，问民所疾苦，议盐铁而罢榷酤”。故《通鉴》卷二三叙霍光、昭帝之政至始元六年七月罢榷酤官，将《昭帝纪》中这段叙述稍作改写录入文中，进而云：“稍复文、景之业焉。”

元凤元年霍光铲除上官桀、桑弘羊集团后，仍能顺应时势，不断推行惠民措施，妥善处理与匈奴的纷争，因而汉朝继续保持着上升的势头，到元平元年的时候，社会经济已呈现出繁荣景象。据《汉书·昭帝纪》，该

① 徐复观：《〈盐铁论〉中的政治文化问题》，见《两汉思想史》（第三卷），华东师范大学出版社2001年版，第76页。

年二月诏称："日者省用，罢不急官，减外徭，耕桑者益众。"霍光之为政如此，不谓之"文治"可乎？阎步克通过对昭帝时期的政治进行考察，指出武帝后期颁布《轮台诏》而改行与民休息政策，"这一转变是到昭帝时才大致完成的"[①]。因此从霍光之政可知武帝晚年的政治变革，并非权宜之计，而是政治的转向，即其治国路线从"武功"转向"文治"。

最后，认为霍光并没有放弃武帝的严酷之政。陈苏镇称："在内政方面，霍光亦厉行法治。"[②] 陈金霞认为从霍光执政的行为看，汉代的统治者还在继续武帝时期的"严苛政治"[③]。

当然，霍光主政期间确曾复行武帝严酷之政。据《汉书 · 黄霸传》云："自武帝末，用法深。昭帝立，幼，大将军霍光秉政，大臣争权，上官桀等与燕王谋作乱，光既诛之，遂遵武帝法度，以刑罚痛绳群下。"但这也表明霍光主政后一直推行宽缓之政，只是因为担心政局不稳，方在诛除上官桀等后复行酷政，从而显示由于政局的复杂，使"文治"方针很难在短期内得到全面贯彻落实，其间必然会出现反复。并且，如杨勇所言此期的司法，"就其程度来讲，由于霍光仍较重视社会经济的调整，恤农措施较多，百姓渐入安居，社会逐渐稳定，正如《汉书 · 田千秋传》言此段时间'国家少事，百姓稍益充实'，这些状况导致犯罪的条件和可能性大为减少，自然犯罪也应较武帝时期为少，故司法应不及武帝时期严酷"[④]。

宣帝时期，继续推行武昭以来的文治，对外慎兴征伐，注重运用军事以外的手段来解决问题，若必须用兵，则竭力避免加重百姓的负担，靡费

---

① 阎步克：《士大夫政治演生史稿》，北京大学出版社 1996 年版，第 343 页。

② 陈苏镇：《汉代政治与〈春秋〉学》，中国广播电视出版社 2001 年版，第 297 页。

③ 陈金霞：《汉武帝〈轮台诏〉并非罪己诏》，《河南师范大学学报（哲学社会科学版）》2008 年第 6 期。

④ 杨勇：《再论汉武帝晚年政治取向——一种政治史与思想史的联合考察》，《清华大学学报（哲学社会科学版）》2016 年第 2 期。

国家资财；对内关注民生，宽以治民。民政方面，不断减免百姓赋税，重视扶持弱势群体；从兵役、漕运、厨传招待等方面入手，减轻百姓徭役负担。司法方面，以重建司法的公正性为抓手，宽缓刑狱，如提拔、尊崇执法宽平者，贬抑惩治执法苛刻者，宣帝还亲理刑狱，成效显著。教化方面，鼓励民间行孝，要求官员宣扬教化，并倡明儒学。从而将汉朝的统治推向一个新的高峰。

史上公认汉文帝为“文治”之主，称扬其“盛德”。然据《艺文类聚·治政部·论政》，崔寔认为就处理刑狱而言，宣帝比文帝做得还要好：“孝宣皇帝，明于君人之道，审于为政之原。故严刑峻法，破奸宄之胆，海内清肃，天下谧如。嘉瑞并集，屡获丰年。荐勋祖庙，享号中宗。筭计见效，优于孝文。”

钱穆从司法与民生两个方面考察宣帝之政，认为：“其所以息狱讼，繁生业，与民休息，盖不啻于文景。”①

据《风俗通义·正失篇》，刘向曾对宣帝之政作过总体评价。成帝问刘向文帝治天下，“孰与孝宣皇帝？”刘向答称：“中宗之世，政教明，法令行，边境安，四夷亲，单于款塞，天下殷富，百姓康乐，其治过于太宗之时，亦以遭遇匈奴宾服，四夷和亲也。”然世间盛称文帝之治，将其与周成王相比。刘向认为这是由于文帝礼敬言事者而为其所褒扬所致，其实“如其聪明远识，不忘数十年事，制持万机，天资治理之材，恐文帝亦且不及孝宣皇帝”。

然而由于宣帝即位未久即尊孝武庙为世宗庙，表彰武帝，颇多学者认为这显示宣帝所行仍为武帝时期的开边兴利之政，而非武帝晚年的富民安民之政。

---

① 钱穆：《秦汉史》，生活·读书·新知三联书店2005年版，第206页。

陈苏镇为证宣帝仍奉行武帝开边兴利之政，特举宣帝沿用盐铁、均输等各项制度为例。然而由于元成以后亦皆沿而不改，故以此作为宣帝推行武帝开边兴利之政的证据，是值得商榷的。考宣帝沿用武帝以来施行的盐铁专营等制度，是由于这些制度属于武帝时期留下的值得肯定的政治遗产："盐铁政策从根本上来讲乃是最有利于王权支配的政治统治的。在此之前，它可以服务于武帝时期的文治武功乃至天子个人的奢侈无度的消费欲望而为其提供充足的财力支持，而在此之后，它同样可以服务于统治者减免赋税徭役、安抚流民、崇尚德化、施行惠民之政的政治调整措施而继续为汉家政权维持其统治提供主要的财力支持。"① 故昭帝时仅做微调，宣帝沿而不改，元成以下虽曾稍做调整，但很快又予以恢复。

陈苏镇又以宣帝重用大司农中丞耿寿昌为例，暗示宣帝也行武帝兴利之政："寿昌'善为算能商功利'，正与桑弘羊之流相近。他以此'得幸于上'，也和桑弘羊得幸于武帝相似。他提出的'常平仓'等建议也都与盐铁、均输等性质相同。"② 实则除增海租之议受人诟病外，耿寿昌建言改革漕运，是为了减省关东漕卒数量，建言在边郡设常平仓，谷贱而籴，谷贵而粜，既有利于民生，又充实了边郡军需物资的储备，一举两得，与桑弘羊等兴利的目的主要是为了满足国家的需要大不相同，实不能相类比。

陈苏镇还以宣帝继续经营西域，接受呼韩邪单于的归顺，以说明宣帝从未放弃并一直在推进武帝的事业。③ 然而宣帝对外所采取的措施皆以是否有利于内政为指归，实与武帝穷兵黩武不恤民生之政有着明显的区别。

宣帝亲政后，从维护社会稳定的角度考虑，非常注重运用军事以外的

---

① 刘泽华总主编，林存光主编：《中国政治思想通史·秦汉卷》，中国人民大学出版社 2014 年版，第 249 页。

② 陈苏镇：《汉代政治与〈春秋〉学》，中国广播电视出版社 2001 年版，第 299 页。

③ 陈苏镇：《汉代政治与〈春秋〉学》，中国广播电视出版社 2001 年版，第 299—301 页。

手腕来解决异族问题。如乌孙问题是通过外交途径，利用和亲在乌孙积累下来的深厚资源予以解决的。对于西域诸城郭国家的问题，基本上都是通过朝廷派遣的使者、在西域屯田的士卒以及西域诸国的城郭兵来解决的。对于用兵，非常慎重，每每权衡再三。据《汉书·魏相传》，元康二年，屯田车师的郑吉因遭匈奴侵扰，上书请求增加田卒，宣帝与后将军赵充国等议，“欲因匈奴衰弱，出兵击其右地，使不敢复扰西域”。丞相魏相认为当时汉朝边郡困乏、风俗尤薄、水旱不时，内忧实重于外患，因此反对兴兵：“今左右不忧此，乃欲发兵报纤介之忿于远夷，殆孔子所谓‘吾恐季孙之忧不在颛臾而在萧墙之内’也。”宣帝的反应是：“上从相言而止。”据《汉书·萧望之传》，五凤年间，匈奴大乱，而汉朝国力甚盛，“议者多曰匈奴为害日久，可因其坏乱举兵灭之”。然而即使是这样，宣帝仍然非常谨慎，特遣群臣问计于御史大夫萧望之，萧望之认为若兴兵攻伐，“彼必奔走远遁”，担心汉朝可能会“劳而无功”。宣帝认为有道理，就没有兴兵征伐。若必须发兵，则竭力避免加重百姓的负担，靡费国家资财。据《汉书·赵充国传》，神爵年间，西羌之役发生后，宣帝因担心主将赵充国不能在短期内结束战争，从而给百姓和国家带来沉重的负担，特地以书敕让赵充国说：“今张掖以东粟石百余，刍槁束数十。转输并起，百姓烦扰。将军将万余之众，不早及秋共水草之利争其畜食，欲至冬，虏皆当畜食，多藏匿山中依险阻，将军士寒，手足皲瘃，宁有利哉？将军不念中国之费，欲以岁数而胜微，将军谁不乐此者！”而赵充国则通过精心运筹，最终使此役在没有耗费大量资财的情况下，妥善解决。

陈苏镇称：“在内政方面，宣帝也继承了武帝的衣钵，坚持‘霸王道杂之’的基本方针。”虽承认宣帝在位期间推行不少德政，但又说：“宣帝之治以‘霸道’为主，‘王道’为辅，与武帝用儒术‘缘饰’法律如出一辙。”① 以此来说明宣帝仍然继承的是武帝之政。辛德勇为证明自己观点的正确，称昭宣两朝从总的方针路线上来说，都一直坚定地执行武帝以来的内外国策，“即‘以霸王道杂之’的所谓‘汉家制度’”②。实则通过前面的分析可知，两者虽然所用的治国之道相同，但要达成的目的却有着明显的区别。

辛德勇还强调宣帝重视法制，以此来印证宣帝全面继承了武帝的大政方针，否定其为“守文”。认为所谓的“守文”，就是“用儒家理念治国”，元帝继位以后，由于“纯用”儒家理念治国，才“真正转向所谓‘守文’之路”③。这显然是误解了田余庆的意图。田余庆《论轮台诏》一文意在考察武帝晚年，是否对他元狩、元鼎以来所施行的“开边、兴利、改制、用法和擅赋”之政进行了重大调整，而不是以武帝是否采用了儒家的治国理念作为衡量的标准。辛德勇另起新义并以之评判武宣之政，显然已经偏离了田余庆《论轮台诏》一文的主旨，形同自说自话。

总之，霍光当政时期所推行的就是武帝晚年之政，宣帝时期，继续推行武昭以来的文治，对外慎兴征伐，对内关注民生，宽以治民，从而将汉朝的统治推向一个新的高峰。

武帝即位后，经过长期经营，将除匈奴外的周边异族政权悉数征服，并将匈奴对汉朝的威胁限制在可控范围之内。与此同时，汉朝内部矛盾重重，危机四伏，从而使维护皇朝内部稳定的重要性超过了与匈奴博弈的重要性。因此武帝晚年推行了一系列重要措施，将朝政的重心由此前的开边兴利向发展民生转移。武帝去世后，他的新的富民安民国策得到了霍光的

① 陈苏镇：《汉代政治与〈春秋〉学》，中国广播电视出版社 2001 年版，第 301 页。
② 辛德勇：《制造汉武帝》（增订本），生活·读书·新知三联书店 2018 年版，第 123 页。
③ 辛德勇：《制造汉武帝》（增订本），生活·读书·新知三联书店 2018 年版，第 126 页。

继承，当然霍光主政期间也曾复行武帝严酷之政，但这也显示由于政局的复杂，使文治方针很难在短期内得到全面贯彻落实，其间必然会出现反复。及至宣帝即位，全面推行文治，遂成中兴。

第五章　司马光是否“制造”了汉武帝

应该说辛德勇对武帝晚年政治取向问题的研究是有其贡献的。如前所述，田余庆主要从卫太子问题和开边问题，阐释武帝晚年政治转向问题。而长久以来，学界也将注意力主要放在了对这两个核心问题的探析上，鲜有对田余庆关于《通鉴》史料可信性的辨析提出质疑，而辛德勇则是在此处用力，辨析史料的真伪，揣摩著者撰述史事的用心，从而将解构主义史学理论引入对该问题的阐释之中。学界也多将其论著视为近年来“史料批判”研究的代表之作。但问题是他将精力主要用来证明《通鉴》所存在的主观性问题，而这一问题从史学理论层面看其实已是常识性知识。

一、史家的主观性使历史撰述成为可能

论及《资治通鉴》，辛德勇称司马光撰著该书，“有着明确而又强烈的用世意图”，认为“司马光取舍剪裁史事以体现自己政治理念的具体做法，颇有失当之处”。如其存在着“径以己意摒弃旧史纪事的问题”，并且“有些不合司马光心意的史事，虽然也被载录《通鉴》当中，但这只是出于某种资以鉴戒的特殊需要”。进而将此概括为司马光“率以己意取舍史

料”“以主观理念肆意取舍史料”。[1] 为了强调这一认识，该文由三联书店以书籍形式出版时，辛德勇特将书名改定为《制造汉武帝：由汉武帝晚年政治形象的塑造看〈资治通鉴〉的历史构建》，意在“能够更加凸显司马光随心所欲构建史事这一主题”[2]。

对于《资治通鉴》的主观性问题，辛德勇认为晚近以来专门论述《资治通鉴》史料价值者，如崔万秋的《通鉴研究》、柴德赓的《资治通鉴介绍》等，“完全没有提及《通鉴》以主观理念肆意取舍史料的做法”，其他通论性史料学著述，如王树民的《史部要籍解题》也称赞《资治通鉴》的取材精审、态度严谨。[3] 因此深表遗憾。

实则并非如此。如柴德赓在其《资治通鉴介绍》一书中，认为“《通鉴》的主要缺点是立场、观点问题”，指出：“由于作者有保守思想，他写起书来，不管是直接、间接，有意、无意，是要影响人的。因此，读《通鉴》这部书，必须对司马光的立场、论点有个正确的分析，才不至于受他的影响。”[4] 其他专论《通鉴》的论著如张须的《通鉴学》一书，认为司马光在撰述《通鉴》时，有“滥用情感”之弊，因此其“于记事有所匿，于论事有所偏”[5]。而李则芬的《泛论司马光资治通鉴》一书则径称《通鉴》是“一部十分主观的史书”。认为该书“随处可见取材偏颇，甚至有故意歪曲事实之处。而所作史评，亦常有失实、不当、过甚之词，及陈腐论调”[6]。此

① 辛德勇：《汉武帝晚年政治取向与司马光的重构》，《清华大学学报（哲学社会科学版）》2014年第6期。

② 辛德勇：《撰述缘起》，《制造汉武帝》，生活·读书·新知三联书店2015年版，第3页。

③ 辛德勇：《汉武帝晚年政治取向与司马光的重构》，《清华大学学报（哲学社会科学版）》2014年第6期。

④ 柴德赓：《资治通鉴介绍》，求实出版社1981年版，第45—47页。

⑤ 张须：《通鉴学》，开明书店1948年版，第214页。

⑥ 李则芬：《泛论司马光资治通鉴》，台湾商务印书馆1986年版，第1—12页。

外，如蒙文通、聂崇岐、李之勤、吴怀祺等对此也屡有阐发。[1] 显见《通鉴》的主观性问题并非新发现。

故而若辛德勇知道晚近以来学者在这方面不仅屡有揭示，且有深入的阐发，很难想象他还会旁征博引，广备从说，劳心费力地在他所构建的论域中，掀起一场由他主持、历代学者广泛参与的揭批司马光“制造汉武帝”大会。

值得注意的是张须等对这一现象的评价虽然轻重不同，但如辛德勇一样，多将此视为《通鉴》的缺点来揭示，这显然是值得商榷的。

西方启蒙运动以后，由于理性主义的膨胀和科学实证主义的发展，使主客之间二元对立的主流哲学思维，对史家的历史认识产生了深刻影响。长期以来，人们普遍认为在史学研究中，只要能够运用合理的方法、机制，妥善解决主观因素的干扰，就能够揭示出历史的真相。兰克就持这种主张：“一部历史著作的主要要求是确保其真实性；事实是怎样发生的就怎样去描述。”而要想实现“使整个历史得以真实地呈现出来”的目的，就需要做到“对权威文献的批判研究、公正无偏见的理解，以及客观的叙述”。在兰克看来，历史学家的理想就是“说出历史真相并评判每一事物，这一研究工作是美好而伟大的，以一种不带偏见的眼光来看待世界历史的进展，并以这种公正、无偏见的精神来写出完美而高贵的历史著作”[2]。

但事实却是史学家在利用史料时，并不是被动地接受，而是在其“思想”的运用下展开的：“忠实地采用一切历史的东西，是我们应当遵守的

① 参见蒙文通：《宋代史学一》，《华文月刊》1943 年第 2 卷第 2—3 期；聂崇岐：《〈资治通鉴〉和胡注》，《新建设》1956 年第 7 期；李之勤：《评〈资治通鉴〉关于商鞅变法的论述——论司马光的曲笔之一》，《人文杂志》1980 年第 1 期；吴怀祺：《〈资治通鉴〉的价值和司马光的历史观》，《史学史研究》1988 年第 2 期。

② ［德］列奥波德·冯·兰克著，［美］罗格·文斯编，易兰译：《世界历史的秘密：关于历史艺术与历史科学的著作选》，复旦大学出版社 2012 年版，第 327—348 页。

第一个条件。不过在‘忠实地’和‘采用’这些普通的名词之中，伏有含糊的意思。就是寻常的、平庸的历史著作家，他也相信、而且自称，他只抱着一种纯粹容受的态度，只致力于事实上所提供的史料——可是他的思想的运用不是被动的。”① 柯林武德甚至称：“思想史、并且因此一切的历史，都是在历史学家自己的心灵中重演过去的思想。”②

事实还不仅止于此。当史学家开始撰述之际，他面对的是庞大而杂乱的史料，而只有那些符合其撰述目的的片断才能进入他的著述、接受他的安排，成为其所构建的历史的组成部分：“过去常说，让事实本身说话。当然，这话是不确切的。只有当历史学家要事实说话的时候，事实才会说话：由哪些事实说话、按照什么秩序说话或者在什么样的背景下说话，这一切都是由历史学家决定的。”③ 亦即历史著作是史家主观选择的结果，反映着史家的主观意图，正是主观性使历史撰述成为可能。

就《通鉴》而言，辛德勇为攻驳司马光，极尽搜求之能事，又广陈众说以为己助。但是若司马光复起，恐怕多不会认同辛德勇对自己的看法。如就辛德勇借朱熹之语批评司马光好以己意删节史事而言，司马光可能会感到很无语，因为他撰述《资治通鉴》就是为了实现他的“主观理念”，如果不按照己意删减，如何实现？《通鉴》共 294 卷，朱熹以此为基础编了一本《资治通鉴纲目》，却仅 59 卷，谁删节得更厉害？

二、史家在主观意图指导下撰述历史有其合理性

事实上，不仅《资治通鉴》中受到学者指摘之处反映着司马光的主观

---

① ［德］黑格尔著，王造时译：《历史哲学》，商务印书馆 1963 年版，第 49 页。

② ［英］柯林武德，何兆武、张文杰译：《历史的观念》，商务印书馆 1997 年版，第 303 页。

③ ［英］E. H. 卡尔著，陈恒译：《历史是什么?》，商务印书馆 2007 年版，第 93 页。

意图，就是得到学者们肯定的部分也都是在司马光的主观意图指导下撰成的，这形同变相承认在主观意图指导下撰述历史，一定程度上是能够揭示历史真相的。而事实也确实如此。

应该说与作为类特征的以人类认识的主动性、自发性、超越性、自由性为特征的主体性相比，以个体认识的偶然性、特殊性、随意性为特征的主观性是人类意识的不成熟表现，受主观性中消极因素的影响，人的行为可能会出现这样或那样的问题。但同时也必须看到，“当把类内的个体放大来看待时，个体的认识差异性并不能看作是一种纯主观的东西，它往往是整个类的特性（主体性）建构的先声和预示”。这也就是说纵使是作为个体的人的最初的经验感受，也不排斥存在着获得一定程度的真理的可能性。并且主体性是“个体在主观性的探索中，在片面的、偶然的、独断的意识和行为活动中建构起来的”[①]。这就意味着主体性认识是通过主观性认识建立起来的，同时作为个体的探询式的、试错式的活动，往往又以此前取得的主体性认识为基础而展开。

由于主观性并不必然导向谬误，并且主体性因素往往作为认识的前提，存在于个体的认知活动之中，这就意味着史家有可能通过发挥自已的主观能动性，进一步逼近历史的真相。所以史家根据自己的主观意愿、目的选择史料撰述历史是有其合理性的。

当然，我们也必须清醒地认识到，主观性认识中的随意性、偶然性等因素容易使个体偏离对真理的把握，同时作为形成主观性认识的基础的主体性因素也是有其局限性的。因为主体性认识是通过主观性认识建构起来的，由于人总是时代中的人，这也就意味着人们的主观能力总要受到时代的制约，亦即从历时性的角度看，人类的主体性也总是片面、偶然、主观

① 沈明明：《识识中的主体性和主观性的本质及其联系》，《理论学习月刊》1989 年第 12 期。

的，因此把握历史真相的能力总是有限的。并且从共时性的角度看，主体性“这种类特征实不过是类的主观性”。因为“作为类特性的主体性，尽管就类内的每一个体而论，它表现为一种必然性和普遍有效性，但是，当把类看作是放大了的个体时，这种主体性也就不过是自然大家庭中的一种主观性了，在把人类作为放大了的个体的这样一种坐标系上，主体性也就变成了一种片面、偶然、主观的东西”①。自然对真理的把握也是有限的。故而从深化对历史著作的认识出发，揭示主观性因素对历史撰述的消极影响是有必要的，但要坚持事实求是原则，既不能因此就否定主观性在历史撰述中的积极作用，也不能苛责古人，强古人之所难。

不过，一些学者可能不会认同笔者的看法，因为在他们看来自己不过是操着各种考据之法，从事着可以验证的“科学”的史料考订而已，史学研究中所谓的“主观性”与己无关。

对此，首先需要指出的是，史学家撰述历史当然要注重考辨史料的真实性，因为确保史料的真实性是史学研究的根基之所在，但学者从事史料考订同样摆脱不了主观性的影响，因为很多时候他们只是在由主观意图指导下撰成的史著上辛勤耕耘而已，即他们貌似追求客观的研究，实际上是以所考订著作的著者的主观取舍为前提的。他们对那些甲骨文字、简牍、碑刻等新材料或者说是原始材料的考辨，不过是要为这些材料争取早日获得史家青睐的资格而已。并且他们看似“科学”的史料考订实际也摆脱不了主观性的影响：“材料的价值是客观的，而它必须通过史家的解释、判断才能折射出光彩，没有哪一条材料的价值的显示不与史家对它的解释、判断相联系。材料在再现历史过程中实际显示的价值，是材料的客观内涵和史家主体意识的合一。”而如前所述，史家的主体意识也是有其主观性

① 沈明明：《识识中的主体性和主观性的本质及其联系》，《理论学习月刊》1989 年第 12 期。

的。同时人们要想实现对客观历史的认识，就必须通过一系列概念、范畴的系统去进行，而概念、范畴是具有历史性、有限性、主观性的，因此“追求纯粹客观性的认识是不现实的和不可能的”①。

三、服务现实是史家主观性的重要体现

辛德勇称司马光在《资治通鉴》中爱“陈古证今”，又称“《资治通鉴》的取舍褒贬多直接针对宋朝的政治现实来做处置”②。事实上，无论承认与否，纵观古今，史学家们虽然皆以阐释历史为务，但从其问题的提出到解决无不与现实有着千丝万缕的联系。可以说，服务现实正是史家主观性的重要体现。

弄清历史的真相当然是史学家的责任，然而并非所有的历史问题都受到了史学家的关注。究其原因，乃在于人们研究历史是有目的性的，即为了服务现实：“我们所以需要去弄清一些历史的真相，恰恰是因为这些所谓的真相与今天有着关联，不弄清它就会影响现实的发展。过去了的历史所以还有研究的必要，也是因为这些过去了的人和事，仍然活在现实中。”因此，“无论怎么说，历史学家在选择研究对象的时候，总是有一个现实的影子无法摆脱，没有一个历史学家是在单纯地恢复历史真相。这就证明，所谓历史研究，实际上也是一种关乎现实的学问，或者干脆说，也是出于现实目的的研究”③。

就《通鉴》而言，司马光撰著该书的目的就是为了给现实政治提供帮助。因此，其为了解决现实问题，从历史上寻找借鉴，并试图以此影响时

① 李振宏：《论史家主体意识》，《历史研究》1988 年第 3 期。

② 辛德勇：《制造汉武帝》（增订本），生活·读书·新知三联书店 2018 年版，第 82—84 页。

③ 李振宏：《历史学家也是历史的创造者》，《史学月刊》2013 年第 5 期。

政，正是其主观性的突出表现。更何况历朝政治，观其大略，不过是守成与变革，司马光既然要以史资治，能拒而不书？及至君主有志修习，遂拣选切于时政者论析之，有何不可？故司马光此举实无可厚非。学者应该在意的是司马光在处理以史经世问题时，是做到了对历史的深入揭示还是简单的类比、影射以至于歪曲，是确实起到了鉴戒作用还是误导了视听，如果是前者就应当予以肯定。而事实则是由于个体主体意识结构存在差异，学者们对司马光此举不过是见仁见智而已。

四、司马光“制造”了汉武帝

辛德勇认为司马光“制造”了汉武帝。李浩则予以反对：“武帝末年的政治转向体现在悔过、劝农、休兵等一系列见诸《盐铁论》《汉书》的实际行动里，《通鉴》叙事与上述原始史料高度吻合，不存在重构现象。”[①] 并且列举众多史料以证己说。

对此，要从历史认识客体的二重性来认识。历史认识客体包括历史客体和史料客体，前者是“作为历史存在的一部分而进入主体研究结构之中的”，后者是“作为对历史客体的一种反映，以文字描述的形态而存在的史料”[②]。由于史家作为认识主体无法与历史客体建立直接的对象性关系，其要想实现对历史客体的认识，就必须借助于史料客体，而史料客体在其初始的状态中，就蕴含着“最初记录者的主观意念和判断”，亦即已非历史客体的原貌。[③] 李浩因《通鉴》叙事与《盐铁论》《汉书》所载的“原

① 李浩：《“司马光重构汉武帝晚年政治取向”说献疑——与辛德勇先生商榷》，《中南大学学报（社会科学版）》2015 年第 6 期。

② 李振宏：《历史学的理论与方法》，河南大学出版社 1989 年版，第 197 页。

③ 李振宏：《论史家主体意识》，《历史研究》1988 年第 3 期。

始史料”高度吻合，遂认为《通鉴》不存在重构现象。殊不知这些所谓的“原始史料”在被采择进《盐铁论》《汉书》之前，就已经被重构过了，桓宽、班固等的撰述实属二度创作。

并且姑且假定班固是利用存在的历史遗存如古建筑、碑刻、壁画等撰成的《汉书》，也只能是历史重构，因为受“个体主体意识结构”的制约，“任何史家都不可能按照历史存在的原本面貌去记载历史，那些抱着真正尊重历史的真诚的史学家也是这样，这是一件无可奈何的事情”[①]。可以说，从班固利用相关史料开始撰述汉武帝史事那一刻起，无论是对历史的阐释还是对史事的编纂，其文字叙述便深深地打上了个人的烙印，他所书写的汉武帝只能是他自己心目中的汉武帝，而非作为历史存在的汉武帝形象。故胡文辉云：“东汉人的记录并不等于就是西汉时的历史真相……《汉书》的文本证据并不能绝对证明武帝晚年的政治转向。”司马光亦然。因此，纵使辛德勇所用史料存在问题，也无法推倒辛德勇所持的司马光“制造”汉武帝的，至多可以说是司马光抄录了《汉书》“制造”的汉武帝文字。如胡文辉就认为《汉书》中“已包含了‘重构’成分……可是，别搞错了，这是《汉书》的问题，不是《通鉴》的问题；就算是‘重构’，问题也在班固身上（就现有史料来说，当然也无法证实），不在司马光身上呀！就是说，即便辛先生关于轮台诏的看法尚有一点薄弱的理由，他也完全找错了鞭挞的对象，这一错，足足错了一千年！”[②] 但这并不符合事实。因为《通鉴》对《汉书》所载史实，并非全盘照抄，而是有所取舍。并且较之《汉书》，《通鉴》在揭示武帝与戾太子之间有政见之异，及武帝晚年政治转向等方面更为全面、深刻，对戾太子的批评及对武帝的袒

① 李振宏：《历史学的理论与方法》，河南大学出版社1989年版，第208页。

② 胡文辉：《制造司马光》，《东方早报》2016年3月13日第A06版。

护更甚，亦即司马光确实重构了汉武帝的形象。

需要指出的是，观胡文辉所言，如司马迁的《史记》似乎就是反映了“历史真相”，实则通过前面的分析可知，司马迁纵使以当代人写当代事，也同样要受到主观性的制约。故而还是在《史记》撰成之初，汉武帝便认为司马迁是在制造自己的形象，并极度不满。如《三国志·王肃传》云：“汉武帝闻其述《史记》，取孝景及己本纪览之，于是大怒，削而投之。”《汉书·司马迁传》论及《史记》叙述秦、汉史事，仅称其“详矣”。

总之，辛德勇不满司马光“率以己意”“肆意”取舍史料，殊不知我们可以质疑司马光在撰述《资治通鉴》的过程中用力稍过，亦即他在对史学与经世之间的张力的把握方面值得商榷，但不能因此就苛责其是在强扭客观实在之史纳入其内心向往之理，因为历史著作正是在史学家“主观理念”的作用下撰成的：“史学家之于历史，是一种参与式的理解，而非镜像式的反映。其中历史主体的参与，包括主体的事实判断与价值判断，都是历史的文本重构中内在的、不可分割的因素，与客体呈显着不可分离的统一性。”①

就《通鉴》而言，司马光何止是“制造”了汉武帝，他可以说是以“资治”意图为指导，“制造”了一部自战国至五代一千三百余年的历史。广而言之，自《春秋》以下，历史上哪一部史学著作不是“制造”出来的？

五、余论

需要指出的是，辛德勇为证司马光有“率以己意取舍史料的倾向”，

① 向燕南：《后现代理论视域下的问题意识与史学史的重写》，《学术研究》2008年第3期。

不惜穿凿附会、断章取义以成其说。

如辛德勇引司马光《答景仁书》称："着手编著《通鉴》以后，司马光又明确谈到，只要'新义胜旧义，新理胜旧理'，则'史有记录之害义者，不可不正'。这种过分强烈的主观价值取舍，难免会歪曲历史的本来面目。"[1] 此属穿凿附会。因为考其文意乃是范镇与司马光论古乐，对经史中注疏的错误及阙文、脱简等现象发表意见，称"大抵吾侪读经史，经有注疏之未安者，史有记录之害义理者。或为论，或为辩以正之"云云。[2] 司马光则认为："此则诚然。然须新义胜旧义，新理胜旧理，乃可夺耳。"[3] 显见司马光之意为修订前人之说要慎重，并无所谓的"过分强烈的主观价值取舍"之意。

为说明内藤虎次郎即内藤湖南也认为司马光大量采录野史小说，在很大程度上应是为更好地体现其"个人的主观意念"，即《资治通鉴》的编纂存在着"主观取舍倾向问题"[4]，辛德勇还故意断章取义。

如辛德勇大段征引内藤湖南的《支那史学史》亦即《中国史学史》的文字，然而有意思的是辛德勇在引文中运用省略号巧妙地省略掉了"小说内容若是正确的也可以，'灭火必矣'之言乃以汉为火德的思想，成帝时尚流行水德说，还没有这种思想"这段文字[5]，然后说："大概正是由于日本东洋史学者对《通鉴》材料取舍的主观性及其失误都逐渐具备了诸如内藤虎次郎这样的认识，所以，后来问世的一些通论性秦汉史著述，例如西嶋定生和日比野丈夫等人分别撰著的同名书籍《秦汉帝国》，就都没有

---

① 辛德勇：《制造汉武帝》（增订本），生活·读书·新知三联书店2018年版，第70页。

② 范镇：《复第八书》，见李之亮笺注：《司马温公集编年笺注》（6）附录卷三《佚文二》，巴蜀书社2009年版，第155页。

③ 李之亮笺注：《司马温公集编年笺注》（5）卷六三《与景仁论积黍书》，巴蜀书社2009年版，第83页。

④ 辛德勇：《制造汉武帝》（增订本），生活·读书·新知三联书店2018年版，第78—79页。

⑤ ［日］内藤湖南著，马彪译：《中国史学史》，上海古籍出版社2017年版，第163页。

再沿承市村瓒次郎上述观点，显示出他们并没有采信《资治通鉴》的记载”[①]。事实上西嶋定生的《秦汉帝国》在叙罢田千秋为戾太子讼冤事后，接着说：“不管如何他是三十年以上被信爱的唯一皇太子，将其一族所有因冤枉加以杀害的老皇帝，已经失去求神仙的情绪好像已觉悟到要过着老残的一生。”[②] 此语与《资治通鉴》所载武帝之语“向时愚惑，为方士所欺。天下岂有仙人，尽妖妄耳！节食服药，差可少病而已”何其相似。就内藤湖南而言，如上所述他并不反对在撰述历史时使用小说中的材料，他只是不赞成使用小说中虚假的材料。并且认为撰述历史时使用小说，“从写史作者的才能来说，毕竟是最适当的作法”[③]。辛德勇故意省略掉该段文字，不仅是因为该段话不支持其观点，还应当与内藤湖南之语有误有关。内藤湖南认为成帝时流行水德说，事实是该说流行于汉初。据《史记·封禅书》，文帝十四年，鲁人公孙臣上书论终始五德，以为汉当为土德，丞相张苍“以为汉乃水德之始，故河决金隄，其符也。年始冬十月，色外黑内赤，与德相应。如公孙臣言，非也。罢之”。武帝时改为土德。据《史记·武帝本纪》，太初元年夏，“汉改历，以正月为岁首，而色上黄，官名更印章以五字，因为太初元年”。张晏称：“汉据土德，土数五，故用五为印文也。若丞相曰‘丞相之印章’，诸卿及守相印文不足五字者，以‘之’足也。”《汉书·郊祀志》亦云：“孝武之世，文章为盛，太初改制，而兒宽、司马迁等犹从臣、谊之言，服色数度，遂顺黄德。彼以五德之传从所不胜，秦在水德，故谓汉据土而克之。”及至西汉后期，火德说流行。如刘向父子创新五德终始说，即以汉为火德：“以为帝出于《震》，故包羲氏

---

① 辛德勇：《制造汉武帝》（增订本），生活·读书·新知三联书店 2018 年版，第 80—81 页。

② ［日］西嶋定生著，黄耀能译：《白话秦汉史（秦汉帝国的兴衰）》，台湾文史哲出版社 1983 年版，第 190 页。

③ ［日］内藤湖南著，马彪译：《中国史学史》，上海古籍出版社 2017 年版，第 153 页。

始受木德，其后以母传子，终而复始，自神农、黄帝下历唐虞三代而汉得火焉。”又据《汉书·李寻传》，成帝时，齐人甘忠可声称：“汉家逢天地之大终，当更受命于天，天帝使真人赤精子，下教我此道。”据此并不能判定淳方成“灭火必矣”这句话为虚构。辛德勇对此应该有所认识，因此予以省略。

总之，时至今日，学者对史家、史著的探讨已经超越了此前的主观、客观阐释，转而进入“史料批判”之域，故在从事史学研究时，我们应该做的是要始终对史学著作中所浸润的著者的主观意图保持清醒的认识，从史料辨析、取舍、剪裁以及语言组织等各个环节与层面深刻领悟著者的秉笔意图，在此基础上把握著者的史学思想，剖析著者对历史的揭示程度，并总结其经验与不足，如此方是正途。就《通鉴》而言，斤斤于司马光的主观性是没有意义的，而为达到这一目的，不惜曲解史事，更是不可取的。

参考文献

陆楫编:《汉武故事》,《古今说海·说纂甲集》,集成图书公司1909年版。

晁载之:《续谈助》,丛书集成初编本。

[日]市村瓒次郎:《东洋史统》卷一,东京富山房1939年版。

司马光:《资治通鉴》,中华书局1956年版。

司马迁:《史记》,中华书局1959年版。

班固:《汉书》,中华书局1962年版。

田余庆:《秦汉史》,中共中央高级党校1962年版。

李则芬:《泛论司马光资治通鉴》,台湾商务印书馆1979年版。

阮元:《十三经注疏》,中华书局1980年版。

柴德赓:《资治通鉴介绍》,求实出版社1981年版。

朱绍侯主编:《中国古代史》,福建人民出版社1982年版。

吕思勉:《秦汉史》,上海古籍出版社1983年版。

[日]西嶋定生著,黄耀能译:《白话秦汉史(秦汉帝国的兴衰)》,台湾文史哲出版社1983年版。

安作璋、熊铁基:《秦汉官制史稿》,齐鲁书社1984年版。

赵翼著,王树民校证:《廿二史札记校证》,中华书局1984年版。

葛洪：《西京杂记》，中华书局 1985 年版。

尹达：《中国史学发展史》，中州古籍出版社 1985 年版。

司马迁撰，[日] 泷川资言考证，[日] 水泽利忠校补：《史记会注考证附校补》，上海古籍出版社 1986 年版。

林剑鸣：《秦汉史》，上海人民出版社 1989 年版。

李振宏：《历史学的理论与方法》，河南大学出版社 1989 年版。

王利器校注：《盐铁论校注》，中华书局 1992 年版。

汪篯：《汉唐史论稿》，北京大学出版社 1992 年版。

田余庆：《秦汉魏晋史探微》，中华书局 1993 年版。

阎步克：《士大夫政治演生史稿》，北京大学出版社 1996 年版。

徐复观：《两汉思想史》（第三卷），华东师范大学出版社 2001 年版。

陈苏镇：《汉代政治与〈春秋〉学》，中国广播电视出版社 2001 年版。

田余庆：《秦汉魏晋史探微》（重订本），中华书局 2004 年版。

钱大昕著，方诗铭、周殿杰校点：《廿二史考异》，上海古籍出版社 2004 年版。

张小锋：《西汉中后期政局演变探微》，天津古籍出版社 2007 年版。

[英] E. H. 卡尔，陈恒译：《历史是什么?》，商务印书馆 2007 年版。

唐长孺：《讲义三种》，中华书局 2011 年版。

辛德勇：《制造汉武帝》，生活·读书·新知三联书店 2015 年版。

李峰：《巫蛊之祸：西汉中期政坛秘辛》，河南大学出版社 2015 年版。

辛德勇：《海昏侯刘贺》，生活·读书·新知三联书店 2016 年版。

[日] 内藤湖南著，马彪译：《中国史学史》，上海古籍出版社 2017 年版。

辛德勇：《制造汉武帝》（增订本），生活·读书·新知三联书店 2018 年版。

书后絮语

拙著以辛德勇先生的宏论为切入点，对汉武帝晚年政治转向问题进行了一定程度的再考证，前后历时数年，及至写罢，抚键四顾，怅然久之！

辛德勇先生的宏论刊布后，与其商榷者颇多，然如笔者这样耗数年之力深究穷探者其实并不多。究其原因，是由于辛德勇先生的宏论让笔者遇到了大麻烦。

当辛德勇先生的论文发表之时，拙著《巫蛊之祸：西汉中期政坛秘辛》恰刚撰成，2015 年初书稿交付出版社排版。后在校对文稿之际，方看到辛德勇先生的大作并深为震惊，因为拙著即受田余庆先生的《论轮台诏》启发而作，故开篇便以《资治通鉴》所征引的史料立论，若辛德勇先生的观点成立，拙著的价值还有几何？因此特对相关史料的真伪进行了认真考辨，最终发现是虚惊一场，方才如释重负。时为 2015 年 9 月。当时与出版社商议，想将新写内容添入书稿，但编辑甚感为难，因为书稿已经三校，版式已定！只好作罢。不过，在拙著后附的“参考书目”中还是特将《制造汉武帝》一书置于最后，意在表示辛德勇先生的宏论笔者是研读过的，但并不取其说。当年 12 月拙著出版。

其时，对辛德勇先生的观点的赞扬与质疑之声已不绝于耳，在此过程中，辛德勇先生相继发表了一系列言论为其宏论辩护，而学界对此普遍持观望态度。观辛德勇先生的论述，其不仅不接受各方质疑，似乎还认为自己的成果属于“高端研究成果”，一些学者对自己的成果提出质疑不是自己的观点有问题，而是他们根本就没有看懂：“我们理工科的人看历史学界的研究状况，会发现一个与理工科有很大不同的现象，这就是好像历史学界很多人都能看懂那些非常专门的高端研究成果，而这在理工科却是很难做到的。”又称：“其实，历史学的研究与理工科并没有什么不同，大多数人只是觉得自己看懂了而已。”[①] 这提醒笔者，要想真正解决问题，必须从宏观角度对其宏论进行审视，不能仅就事论事。

但说实在的，以笔者治学领域之狭窄，学术素养之浅陋，却想对辛德勇先生的宏论进行全面把握，实属自不量力。可是不解决这一问题，笔者担心自己的小书难逃被人覆瓿的命运。所以虽然明知不可为，仍不得不为之。所幸新学术时代先进的计算机技术，为笔者提供了强大的助力，方使笔者坚持了下来。故而与其说笔者是在与辛德勇先生商榷，不如说是在研习辛德勇先生的宏论。及至拙著撰成，虽然文字不多，水平有限，但经过这一番历练，自觉获益颇多。并且，虽然在拙著中频频与辛德勇先生立异同，但笔者的论述却是在辛德勇先生构建的论域中展开的，若没有他提出这些问题，以笔者浅薄的学识，无论如何都不会在这些方面展开思考。同时，笔者所运用的史料学研讨之法也是采之于辛德勇先生的宏论。所以虽然笔者对辛德勇先生的学术观点多不赞同，但内心却对辛德勇先生充满敬意。

长久以来，辛德勇先生一直以文献考证名家，为当今史学之重镇。如据辛德勇先生称北京大学刘浦江教授患病住院后，他去看望过两次，闲谈

① 辛德勇：《〈制造汉武帝〉的后话》，见《制造汉武帝》（增订本），生活·读书·新知三联书店 2018 年版，第 193 页。

间辛德勇先生提及他整理北大历史系收藏的晚清珍稀史料一事，“浦江很诚恳地说，他和现在很多学者一样，只能在很小领域内做一名专家，做不到像我那样在古代史诸多方面和清朝学者对话”①。而由葛剑雄主编、广东人民出版社推出的“当代学人精品”丛书对辛德勇先生的评价尤其全面，称其“在研究中崇尚‘读书得间’的研究方法，注重对传世基本史料的分析与考辨，同时也积极关注各类新发现的史料，着力研究迭经历代学者努力而仍然难以妥善解决的重要疑难问题，往往能推陈出新，提出独到见解”②。然就《制造汉武帝》一书而言，由于其未能处理好揭示历史真相与弘扬其师学术之间的关系，兼之对学术史状况的梳理颇为草率，以及存在着忽视史学理论的倾向等，结果导致问题丛生，以致用功虽勤，成效却颇异，思之令人叹惋。治学者可不以为深戒乎！故笔者与辛德勇先生商榷的初衷，虽是为了使自己的小书能够立得住，也就是说是怀有私心的，但在论证过程中，是则执守之，否则修正之，不敢有丝毫悖离学术规范之举。当然《制造汉武帝》一书虽然问题甚多，但对于辛德勇先生而言，不过是白璧微瑕，无伤名家风范。

近年来，笔者为了理清问题的头绪，研读了大量辛德勇先生的以及与其相关的论著，其对学术的热爱与执着给笔者留下了深刻的印象。并且通过研读其著述，笔者发现辛德勇先生从不回避与人商榷。

学术的进步是一代又一代学人继晷焚膏、殚精竭虑的结果，前贤的创获既滋养着后学的学识，又助推着后学朝着渊深而广博的领域迈进。但事实也一再证明，受种种因素的影响，前贤的创获并不一定都是正确的，因此既借鉴前贤的创获，又不囿于成见，在批判继承的基础上展开学术思

① 辛德勇：《追忆浦江》，见《那些书和那些人》，浙江大学出版社 2016 年版，第 92 页。
② 葛剑雄主编，辛德勇著：《当代学人精品 · 辛德勇卷》，广东人民出版社 2016 年版。

考，正是推动学术进步的必由之路。这就意味着治学若不与人立异同，研究工作几至无法完成。若总患得患失，左闪右避，这学问其实不做也罢。可以说辛德勇先生在这方面为学界树起了一座标杆。笔者之所以敢不揣浅陋，与辛德勇先生商榷，也正是受了辛德勇先生的影响。

当然，学术商榷时，一些基本规矩还是要守的。如要秉持实事求是的原则，力求对前人及时贤的成果作出公允的评价；同时要有同情之理解，不能吹毛求疵，苛责他人。清代学者王鸣盛“好骂人，昔贤每遭其轻薄”。然而正如陈垣先生所言：“错固人所恒有，胡为开口骂人耶？”而其之所以如此，“盖其天性如此，又乏修养，自以为是，而不知人之窃笑之也”①。所以学术商榷时，保持必要的谦恭，既是敬人，亦是自重。当然可能会出现这样的情况，即无论你以什么态度与被商榷者对话，他都无法接受。但那是他人的事，与商榷者何干？《吕氏春秋·必己篇》云：“君子之自行也，敬人而不必见敬，爱人而不必见爱。敬爱人者，己也；见敬爱者，人也。君子必在己者，不必在人者也。”对于商榷者而言，只要能做到内省不疚，其实就足够了。

总之，希望拙著能够为相关研究稍有助益，若能如此，则荣幸之至。当然笔者也不会天真地以为自己将辛德勇先生宏论中涉及的所有问题，都已妥善解决。昔王闿运云其作《桂阳图志》：“下笔自欲陵子长，读之乃顾似《明史》，意甚恶焉。”② 读之，于我心有戚戚焉！由于个人的局限性，可能笔者所有的结论都只是一己之偏见。并且，很多时候，笔者自认为已解决的问题可能仅仅是研究的开端而已，但学术不就是这样推进的吗？

① 陈垣：《书〈十七史商榷〉第一条后》，见《陈垣史源学杂文》，人民出版社 1980 年版，第 58—61 页。

② 王闿运著，马积高主编：《湘绮楼诗文集》之《王志·论文·答陈深之》，岳麓书社 1996 年版，第 550 页。